CONTRE LE TEMPS

DU MÊME AUTEUR

THÉÂTRE

Crime contre l'humanité, Leméac, 1999.

Les éphémères, inédit, 2001.

Le goûteur, Leméac, 2002.

Gibraltar, inédit, 2004.

Le pays des genoux, Leméac / Actes Sud-Papiers, 2004. Prix du Gouverneur général.

Les ours dorment enfin, Lansman, 2010. Prix Annick-Lansman.

RADIO-FICTIONS

Gina Ping Pong, Radio-Canada, 1998.

De la barbe à la queue, je suis délicieux, Radio-Canada, 2000.

Bascules, Radio-Canada, 2001.

GENEVIÈVE BILLETTE

CONTRE LE TEMPS

théâtre

LEMÉAC

Ouvrage publié sous la direction
de Diane Pavlovic

En couverture : gravure représentant Évariste Galois réalisée au XIXe siècle par Heliog Dujardin.

Leméac Éditeur reconnaît l'aide financière du gouvernement du Canada par l'entremise du Fonds du livre du Canada pour ses activités d'édition et remercie le Conseil des arts du Canada, la Société de développement des entreprises culturelles du Québec (SODEC) et le Programme de crédit d'impôt pour l'édition de livres du Québec (Gestion SODEC) du soutien accordé à son programme de publication.

ISBN 978-2-7609-0417-0

© Copyright Ottawa 2011 par Leméac Éditeur
4609, rue d'Iberville, 1er étage, Montréal (Québec) H2H 2L9
Dépôt légal – Bibliothèque et Archives nationales du Québec, 2011

Imprimé au Canada

titre « Contre le temps »

- Évariste lutte contre les secondes qui s'envolent avant son duel
- Traité Galois dépasse les époques

- La construction narrative, n'est pas linéaire
- Rattraper le temps perdu
- S'oppose aux idées rétrogrades de son époque
- Nerval retient le temps

À Julien. Pour la joie.

CRÉATION ET DISTRIBUTION

Cette pièce a été créée au Théâtre d'Aujourd'hui,
à Montréal, le 8 novembre 2011,
dans une mise en scène de René Richard Cyr.

FOURIER : Benoît Gouin
ADÉLAÏDE : Monique Spaziani
ÉVARISTE : Benoît Drouin-Germain
GABRIEL : Frédéric Paquet
ALFRED : Émilien Néron ou Alexis Plante
AUGUSTIN : Benoît McGinnis
STÉPHANIE : Kim Despatis
NERVAL : Bruno Marcil

Assistance à la mise en scène: Marie-Hélène Dufort
Scénographie: Jean Bard
Costumes: Marie-Chantale Vaillancourt
Assistance aux costumes: Carole Castonguay
Maquillage et coiffure: Florence Cornet
Lumières: Erwann Bernard
Musique: Alain Dauphinais
Direction de production: Annie Lalande
Direction technique: Jean-Philippe Charbonneau

L'auteure tient à remercier Elizabeth Bourget,
pour l'avoir toujours rappelée au désordre,
ainsi qu'André Brassard.

PERSONNAGES

Fourier, 60 ans
Adélaïde, 40 ans, mère d'Évariste
Évariste, 20 ans
Gabriel, 45 ans, père d'Évariste
Alfred, 10 ans, frère d'Évariste
Augustin, 22 ans
Stéphanie, 20 ans
Et la participation exceptionnelle
de Gérard de Nerval.

LIEU
Une rue, la nuit. Dans cette rue, une maison
de santé carcérale.

Scène 1

Une rue sombre. Fourier, exagérément emmitouflé de lainages, monte la garde devant la maison de santé.

FOURIER, *décrivant ce qu'il voit au loin.* Une femme marche sur un boulevard de Paris. Il fait nuit. Sa cadence, son visage, son poing qui serre une adresse, tout n'est que fébrilité. Ses yeux espèrent une voiture. Mais à cette heure, peu de cochers sont encore en état de conduire. Nous sommes en 1832.

Adélaïde apparaît.

ADÉLAÏDE. 86, rue de Lourcine. J'espère qu'il n'a pas déjà quitté l'endroit.

FOURIER. Cette femme est une mère. Son fils aurait dû lui écrire. Son fils n'a pas écrit.

ADÉLAÏDE. Qu'importe s'il ne veut pas me voir, s'il m'accueille par des reproches. Je parlerai plus fort que lui : « Je suis heureuse que tu sois libre. »

FOURIER. Cette femme s'appelle Adélaïde. Elle vient de gagner la rue de Lourcine.

ADÉLAÏDE. « Je suis heureuse que tu sois libre. » Je ne dirai que ça. Et peut-être aussi : « Tu as le droit de m'en vouloir. »

FOURIER. Adélaïde remonte la rue de Lourcine. Elle s'approche dangereusement du numéro 86. Je vais m'interposer. *(À Adélaïde. Ils se font maintenant face.)* Halte, madame. On ne passe pas.

ADÉLAÏDE. Je cherche le 86. La maison de santé.

FOURIER. Pile derrière moi, mais la rue est bloquée.

ADÉLAÏDE. Il n'y a pas d'émeutes, cette nuit. Partout, j'ai traversé la ville librement.

FOURIER. Rue de Lourcine : impraticable.

ADÉLAÏDE. Vous travaillez pour les ponts et chaussées ?

FOURIER. Moi ? Pas même mon cul ni son ombre.

ADÉLAÏDE. Votre bouche s'encanaille. La politesse est toujours de courte durée chez les voyous.

FOURIER. C'est ça, ouais, c'est ça que je suis, un voyou. Grrr…

ADÉLAÏDE. Vos mains resteront vides. Je n'ai pris avec moi ni argent ni bijoux.

FOURIER. Que votre fébrilité.

ADÉLAÏDE. Vous n'êtes pas ivre, tout voyou que vous êtes. À tout le moins assez conscient pour deviner que si une femme brave la nuit, c'est dans l'espoir d'un rendez-vous.

FOURIER. Mauvaises nouvelles, ce sera avec moi. Grrr ! Grrr !

ADÉLAÏDE. Mon fils a été emprisonné, puis transféré sous sentence, dans cette maison, pour reprendre des forces. Il devait être libéré aujourd'hui, mais nous sommes sans nouvelles. Je ne sais même pas s'il s'y trouve encore.

FOURIER. Il y est.

ADÉLAÏDE. Si vous tenez à vous montrer plaisant, ôtez-vous de mon chemin.

FOURIER. Impossible.

ADÉLAÏDE. J'ai sous mes jupes un pistolet chargé. Et plus grand-chose à perdre.

FOURIER. À votre place, Adélaïde, je ne m'en servirais pas.

Un temps.

ADÉLAÏDE. Vous connaissez mon prénom, et c'est pour m'intimider que vous le prononcez. Oser se servir de la fragilité d'un prénom pour effrayer, c'est tout à fait dans le goût de la garde royale. J'aurais dû m'en douter, malgré votre tenue. Pourquoi encore le surveiller ? Il est libre, non ? *(Inquiète.)* Non ? *(Pause. Ressaisie.)* Il est libre, je suis sa mère, vous n'êtes pas ivre. Je ne comprends pas ce qui vous amuse à abuser de votre pouvoir.

FOURIER. J'ai pour le roi, et pour ses gardes, les mêmes pensées que vous. Euh... Je voulais dire grrr.

ADÉLAÏDE. Qui êtes-vous ?

FOURIER. C'est plutôt gênant à dire.

ADÉLAÏDE. Qui êtes-vous ?

Un temps.

FOURIER. Un mort.

ADÉLAÏDE. Un mort.

FOURIER. Un mort.

ADÉLAÏDE. Je n'ai rien à dire aux morts.

FOURIER. Madame... C'est que je suis vraiment mort.

ADÉLAÏDE. Nous sommes tous morts. Dès qu'un humain crève, l'univers entier se voit diminué.

FOURIER. J'abonde.

ADÉLAÏDE. J'ai perdu un mari, monsieur. Avec votre permission, je vais aller récupérer mon fils.

FOURIER. Évariste travaille. Il s'est enfin remis à son traité d'algèbre.

ADÉLAÏDE. Taisez-vous! Vous êtes un fou. Vos habits vous trahissent. Personne ne porte autant de laine en mai. Laissez-moi passer.

FOURIER. Évariste a choisi de consacrer sa première nuit de liberté au traité.

ADÉLAÏDE. C'est mon fils. Je ne l'ai pas vu depuis sa condamnation. Avant même sa condamnation. Ça fait plus de dix mois!

FOURIER. Je ne laisserai personne, pas même sa mère, le déranger.

Elle dégaine son arme.

ADÉLAÏDE. Qui êtes-vous? Qu'est-ce que vous voulez?

FOURIER. Ça ne va pas vous plaire.

ADÉLAÏDE. Qui?

FOURIER. … Un mort.

ADÉLAÏDE. Je vous somme de vous nommer!

FOURIER. Fourier, Jean-Baptiste. Le mathématicien.

ADÉLAÏDE. Cet homme est mort!

FOURIER. C'est ce que je me tue à vous dire! Vous croyez que c'est réjouissant, pour un scientifique de ma trempe, d'être réduit à jouer les fantômes? D'avoir recours, en 32, 1832! à une astuce aussi... moyenâgeuse? Vous passez votre vie à combattre l'obscurantisme, et vlan, vous voilà en tenue de spectre. On ne peut plus confortable. Quand j'ai vu, de là-haut, le petit singe se remettre au travail, j'ai poussé un grand ouf. Mais quand j'ai mesuré la vitesse à laquelle vos pas traversaient Paris... Je n'avais que peu de temps pour intervenir. J'ai saisi la première astuce disponible : un stratagème britannique. Je vous passe les haut-le-cœur que ça m'a provoqués. Je ne parle pas du vertige de la chute, ni de l'atterrissage... Je parle d'éthique. Et du respect que j'ai pour ma profession! J'espérais, dès le face-à-face, que vous rebrousseriez chemin. Que je n'aurais pas à vous avouer mon ridicule état. Non, une entêtée. Je ne savais plus quoi faire, ni quoi dire pour vous faire déguerpir, j'étais sur le point d'aboyer, surtout que, Adélaïde, je vous trouve effroyablement belle.

ADÉLAÏDE. Je vais... le *faire*!

FOURIER. Non, je vous en prie. Épargnez-vous cette violence.

ADÉLAÏDE. Il m'en coûtera ce qu'il m'en coûtera.

FOURIER. Tirer ne vous rapprochera pas de votre fils, je suis Fourier. *(Pause.)* Je sais : touchez-moi.

Il relève ses manches et lui présente l'avant-bras.

ADÉLAÏDE. Quoi?

Fourier lui saisit la main et l'oblige au contact.

ADÉLAÏDE. Vous dépassez les bornes!

FOURIER. Est-ce la température d'un corps vivant?

13

Un mini-temps.

ADÉLAÏDE. Vous dépassez aussi le point de congélation.

FOURIER. Touchez encore, je m'échaufferai. Puis, à mon tour, je vous rendrai tous vos Celsius.

ADÉLAÏDE. Je vous les laisse.

FOURIER. La propagation de la chaleur dans les corps solides. Phénomène connu, mais encore fallait-il pouvoir le transcrire en équations. Je ne suis pas peu fier de cette découverte.

ADÉLAÏDE. C'est… vous qui avez traduit en chiffres cet échange?

FOURIER. Nos deux dermes sont le lieu d'une extravagante valse de courbes sinusoïdales, cosinusoïdales… Chère amie, comment se porte votre veuvage?

Elle libère sa main et le braque de nouveau.

ADÉLAÏDE. Je veux voir mon fils. Qui que vous soyez.

FOURIER. Je… pense qu'il me serait possiblement possible de vous ménager un accès à Évariste.

ADÉLAÏDE. C'est déjà plus raisonnable.

FOURIER. Entendons-nous, je parle de le faire apparaître. Sans qu'il soit, bien sûr, dérangé.

ADÉLAÏDE. Une apparition. Une sainte apparition.

FOURIER. Ma proposition est d'ordre poétique. *(Il se touche en maints endroits.)*

ADÉLAÏDE. Je ne vois rien là de poétique.

FOURIER. Ça a l'air sûrement facile, de l'extérieur, être spectre, mais j'aimerais bien vous y voir. Et j'aimerais surtout vous y voir un pistolet braqué entre les yeux. *(Elle abaisse légèrement son arme.)* Ah! Ça y est.

Une fenêtre de la maison de santé s'éclaire. Apparaît un jeune homme penché sur sa table de travail. Il rédige avec fièvre. Un temps.

ADÉLAÏDE. Évariste…

FOURIER. Son application, sa fougue ne vous réjouissent-elles pas?

ADÉLAÏDE. Pourquoi une telle ardeur? Pourquoi cette fièvre?

Fourier fait un geste, Évariste disparaît.

ADÉLAÏDE. Je vous ai posé une question!

FOURIER. Il tient l'avenir des sciences au bout de sa plume. Qui ne serait pas excité de chatouiller l'avenir?

ADÉLAÏDE. Ce n'était pas de l'excitation, Fourier, c'était de la frénésie.

FOURIER. Mon nom, enfin, dans votre bouche. J'existe.

Un temps.

ADÉLAÏDE. Dites ce que vous avez à me dire.

FOURIER. Un regret m'empoisonne la mort, Adélaïde. Je peux vous appeler Adélaïde?

ADÉLAÏDE. Au point où j'en suis.

FOURIER. Ça concerne Évariste. J'ai une lourde dette envers lui. Il m'avait soumis son traité alors que je dirigeais l'Académie des sciences.

ADÉLAÏDE. Et vous n'y avez jamais donné suite.

FOURIER. Ce n'était pas un désaveu, Adélaïde. Je suis mort à la seconde pile où j'allais en rédiger l'évaluation. Et comble de malheur, personne n'a jamais retrouvé le traité dans mes affaires.

ADÉLAÏDE. Vous plaisantez? Évariste avait envoyé une première version du traité à votre collègue, Cauchy. Cette version-là non plus, il ne l'a jamais revue.

FOURIER. Cette manie de perdre les manuscrits. Le siècle a les mains glissantes… *(Ses mains voudraient glisser sur Adélaïde, il se retient.)* Il faut que la science ait enfin accès à ce traité. Depuis des décennies, l'algèbre patauge. Quelques trouvailles ici et là voudraient donner l'illusion de mouvement, mais ce n'est que verbiage. Si les mathématiques rendent les armes, les autres sciences couleront à leur suite.

ADÉLAÏDE. Vous parlez comme Évariste…

FOURIER. Justement. Le petit singe a réussi, comment a-t-il pu à vingt ans, ça me décourage. Il a réussi à percevoir les besoins futurs de la science. Cette nuit même, Adélaïde, juste là, dans cette maison, vous imaginez? Votre fils ouvre la voie à l'algèbre moderne.

Un mini-temps.

ADÉLAÏDE. Peut-être a-t-il un petit creux… Ou envie d'une tisane?

FOURIER. En plus, elle est finaude. Je ne laisserai personne l'interrompre. Et je m'assurerai que le traité, cette fois, ne glisse d'aucune main.

ADÉLAÏDE. Vous êtes… vraiment Fourier? *(Il acquiesce.)* Si ça pouvait être vrai. Il a attendu si longtemps votre réponse. Et celle de Cauchy. Vous ne pouvez pas vous imaginer ce que ça serait pour lui, que son traité soit enfin reconnu. Même si c'est par un mort… J'ai l'impression de délirer.

FOURIER. Ça vous va à ravir.

ADÉLAÏDE. S'il pouvait sortir de prison la tête haute. S'il pouvait faire oublier ses frasques. Il n'est connu…

FOURIER. Je sais. Hélas, il n'est connu que de ses ennemis.

Un mini-temps.

ADÉLAÏDE. Laissez-moi lui parler. Un instant. Seulement pour m'assurer qu'il ne s'est pas encore mis dans le pétrin.

FOURIER. Des retrouvailles mère-fils, Adélaïde, ça ne se fait pas à la sauvette. Vous le bouleverserez, il vous bouleversera, ça vous bouleversera. Nous serons tous bouleversés… Et basta, le traité.

ADÉLAÏDE. Il s'est encore mis dans le pétrin?

FOURIER. Tout ce que je vous demande, c'est d'attendre l'aube.

ADÉLAÏDE. C'est mon fils.

FOURIER. Il travaille.

ADÉLAÏDE. Vous êtes dur.

FOURIER. Surtout froid. *(Pause.)* Pourquoi ne pas passer la nuit en ma compagnie?

Adélaïde prend une grande respiration et tire sur Fourier.

ADÉLAÏDE. Je…

FOURIER. Ce n'est rien, voyons. J'aurais fait la même chose. Vous auriez fait un excellent scientifique. Tant que le moindre doute subsiste…

Elle tire de nouveau. Une fois, deux fois, trois fois. Fourier se dresse toujours devant elle.

FOURIER. Eh non, vous ne m'aviez pas manqué.

Adélaïde a le réflexe de s'enfuir.

FOURIER. Vous voulez vraiment retourner dans la nuit? Vous épuiser jusqu'aux larmes pour aussitôt vous flageller d'avoir abandonné votre fils?

ADÉLAÏDE. Pourquoi vous dites ça?

FOURIER. Pour vous éviter d'en rencontrer de plus vilains que moi.

ADÉLAÏDE. Non, vous avez dit « abandonné ».

FOURIER. Restez à mes côtés, nous bavarderons. On parlera d'Évariste, tiens, ça vous soulagera la fibre maternelle. Les mères adorent parler de leurs rejetons.

ADÉLAÏDE. Laissez-moi tranquille.

FOURIER. C'est bon, c'est bon, prenez tout le temps de me digérer.

Scène 2

Les coups de feu ont ébranlé Évariste. Au point d'interrompre quelques secondes la rédaction de son traité.

ÉVARISTE. Calme-toi. Ce n'était rien. Sûrement des tirs de joie. Un voyageur annonçant son retour, oui, un voyageur excité trouant le ciel pour prévenir les siens. Ne pense qu'au traité, tout ce qui compte, c'est le traité. Qu'au bout de la nuit, il existe. Après, tu t'occuperas de l'aube. *(Il regarde sa montre.)* Quelques heures, papa, et moi aussi, je pourrai rentrer à la maison le cœur fou. J'aurai triomphé de l'aube. Et dans ma main, il y aura le traité. Je le tendrai bien haut vers vous. Un flambeau, notre flambeau, papa. Maman ne pourra plus m'en vouloir : j'aurai réussi à arracher un flambeau aux Enfers ! *(Il a un petit rire.)* Ce sera bien la première fois que je rentrerai sans malheur dans mes bagages. *(Il replonge dans le travail.)*

Surgissant de la mémoire d'Évariste, apparaissent Gabriel et Alfred.

ALFRED. Évariste !

GABRIEL. Mon fils.

ALFRED. C'est comment, le collège ? Raconte-moi. Tu sais, comme si j'avais été là avec toi. Dis-moi ce que je faisais, le nom de mes amis, quelles notes j'ai eues.

GABRIEL. Alfred, je voudrais être seul avec ton frère.

ALFRED. Je l'ai trop attendu. Je ne vais pas l'attendre encore alors qu'il est là. Vous ne savez pas ce que c'est, l'attente. Personne, que moi, ne connaît cette torture. Je suis un pied chinois ! Je suis un pied chin…

GABRIEL. Ne recommence pas avec tes histoires.

Alfred disparaît à regret.

GABRIEL. C'est très bien de te revoir. En personne. Ton bulletin t'a devancé : « Travail néant, travail nul. Qualités personnelles : bien difficiles à définir. » *(Pause.)* Ils veulent te faire reprendre ton année. Je veux savoir si tu trouves leur avis défendable.

ÉVARISTE. …

GABRIEL. Il ne s'agit pas de te punir, Évariste. Ma seule crainte… C'est que tu sois en train de payer pour moi.

Évariste cesse de travailler.

ÉVARISTE. Vous voulez dire quoi… ?

Un mini-temps.

GABRIEL. Rien. Rien d'important. Tu peux aller retrouver Alfred, on reparlera de ton bulletin plus tard.

ÉVARISTE. J'ai l'air d'un enfant ?

Gabriel prend le temps de regarder son fils.

GABRIEL. Le temps m'a échappé. C'est bien. Ça veut dire qu'il t'appartient, maintenant. *(Pause.)* Ce n'est rien de très joyeux. On me chicane mon poste de maire.

ÉVARISTE. Les habitants de la commune vous adorent…

GABRIEL. Il s'agit des autorités. De Paris. Mes opinions dérangent de plus en plus dans l'entourage de Charles X.

ÉVARISTE. Ils le savent depuis toujours que vous n'êtes pas royaliste… Ils ont toujours fermé les yeux.

GABRIEL. Le vent a tourné. Les plus radicaux ont gagné l'oreille du roi. Là où il y avait tolérance, les haines se ravivent. Ils nous ont imposé un nouveau curé, un pur et dur. Crois-moi, ce n'est pas un hasard. Il me suit à la semelle. Il s'acharne à me faire destituer.

ÉVARISTE. Les habitants seront avec vous. Vous n'avez rien à craindre.

Un temps.

GABRIEL. Je suis fatigué, Évariste.

ÉVARISTE. Papa…

GABRIEL. Je suis fatigué de ses attaques. Je sais, je devrais répliquer, griffer à mon tour… Au moins, pendant qu'il s'acharne sur mon sort, les habitants ont la paix. C'est peut-être ce que j'ai de mieux à faire, accepter les coups, l'attirer au loin pour leur permettre de respirer le plus longtemps possible. *(Pause.)* Non ?

ÉVARISTE. …

GABRIEL. Tu trouves ça lâche de refuser de griffer ?

ÉVARISTE. Vous n'avez pas le droit de le laisser gagner.

GABRIEL. J'ai mené en douce tant de batailles depuis que je suis maire… Petites, mais belles. Si j'en ai d'autres à mener, je veux les choisir. Et je les veux dignes. Je ne gaspillerai pas ce qu'il me reste de forces à tirer les cheveux d'un curé.

ÉVARISTE. Vous parlez comme si vous étiez vieux.

GABRIEL. Vieux ? Non. *(Pause.)* Ne t'inquiète pas, je finirai bien par trouver ma façon à moi de répliquer à la bassesse. *(Pause.)* Je suis peut-être prêt à en supporter, mais si quelqu'un s'en prenait à l'un de vous… Évariste, je veux savoir si les médisances du curé se sont rendues jusqu'au collège. S'ils ont décidé de te prendre en grippe injustement à cause de moi.

ÉVARISTE. Si ça peut vous rassurer, papa… Je n'ai pas travaillé de l'année.

GABRIEL. Tu es sûr ?

ÉVARISTE, *des plus sérieux.* Parole d'honneur.

Gabriel camoufle un sourire de soulagement, puis reprend son rôle de père.

GABRIEL. Et pourquoi, s'il te plaît ?

ÉVARISTE. Ils enseignent comme ils ronflent, comme des ânes.

GABRIEL. C'est une réponse, elle aussi, plutôt bête.

ÉVARISTE. Ils n'enseignent que ce qu'ils savent.

Un mini-temps de réflexion.

GABRIEL. C'est possible de faire autrement?

ÉVARISTE. Oui, il le faut, sinon tout meurt!

GABRIEL. Explique-toi.

ÉVARISTE. Tout mourrait, papa!

GABRIEL, *alarmé.* «Tout», c'est quoi? C'est *qui*?

ÉVARISTE. Je ne sais pas. C'est une pensée qui m'échappe encore.

GABRIEL. Alors parle de toi!

ÉVARISTE. Je veux me perdre. *(Pause.)* J'ai peur de mourir. J'ai besoin de me perdre.

GABRIEL. Aide-moi un peu, Évariste.

Un mini-temps.

ÉVARISTE. M'inscrire en mathématiques, ce serait possible?

GABRIEL. Évariste, à leurs yeux, tu es un cancre. Ils n'accepteront jamais que tu te joignes à une classe supérieure.

ÉVARISTE. Si vous insistiez…

GABRIEL. C'est perdu d'avance. Seulement pour les convaincre de ne pas te faire reprendre ton année, je vais y passer l'été. Et rien ne garantit qu'ils céderont.

ÉVARISTE. Ça semble si vaste, les mathématiques. Vous imaginez? ~~Être toujours dans l'inconnu~~… Ce doit être ça, le plaisir, oui, c'est sûrement ça : ~~se perdre dans l'immensité~~.

GABRIEL. C'est ton premier sourire depuis ton arrivée. *(Un long temps.)* D'accord. C'est d'accord. Pour ça, je suis prêt à sortir les griffes.

Un temps.

ÉVARISTE. Vos lettres m'ont beaucoup touché, papa.

GABRIEL. C'est un plaisir de t'écrire, Évariste. Dernièrement, ça a été mes seuls moments de paix. Quand je t'écrivais.

Gabriel disparaît. Un temps.

ÉVARISTE. Vous m'aviez pourtant raconté, papa, combien le curé s'acharnait… Qu'il s'en était même pris à maman, pour vous atteindre plus cruellement. Mais je ne comprenais pas. Je ne comprenais pas que vous étiez en train de vous éteindre, j'étais trop occupé à… venir au monde. *(Pause.)* J'espère seulement… que quand je vous ai finalement écrit, j'ai écrit les bons mots. Que vous avez su, papa, que votre bataille avec la direction du collège n'avait pas été vaine.

Évariste poursuit le travail. La voix de Gabriel, réjoui, l'enveloppera.

GABRIEL. Cher papa… une agitation nouvelle m'habite. C'est fait de fureur et de joie : je *cherche*. J'ai entrepris la semaine dernière mes propres travaux. En algèbre analytique. En algèbre analytique, papa! Nous observons les équations. Vous imaginez le vertige? Observer à distance des équations : j'ai l'impression de voler! L'abstraction est tout sauf un désert, c'est la plus tumultueuse des galeries. Je viens tout juste de m'y accrocher, et je sais déjà quels théorèmes mentent, quels axiomes sont pourrissants. Mais j'ai l'impression que mon regard est encore trop bas. Qu'il faudrait que j'arrive à tout survoler de beaucoup plus haut. Ce n'est pas très clair, ce n'est qu'une intuition, mais j'y réfléchis jour et nuit. Mon professeur de mathématiques croit que si je continue à travailler à ce rythme, il serait possible que l'École polytechnique m'admette d'office. C'est mon plus grand rêve, papa, de me joindre à cette école. C'est celle des grands chercheurs.

Évariste travaille toujours. Adélaïde lui apparaît, défaite.

ADÉLAÏDE. Évariste…

ÉVARISTE. Maman… *(Un très, très long temps. Puis Évariste glisse dans le souvenir.)* Maman, qu'est-ce que…? La direction m'a fait raccompagner d'urgence.

ADÉLAÏDE. …

ÉVARISTE. Où est Alfred, où est papa?

ADÉLAÏDE. Ton frère est chez la voisine.

ÉVARISTE. Où est…

Un long temps.

ADÉLAÏDE. Gabriel est mort, Évariste.

ÉVARISTE. Non.

ADÉLAÏDE. Il s'est… lui-même donné la mort.

ÉVARISTE. Non, pas mon père.

ADÉLAÏDE. Il est allé à Paris ce matin. Il m'a dit qu'il avait des réparations à faire dans le studio. J'ai eu envie d'aller le rejoindre… Il était déjà…

ÉVARISTE. Pas mon père !

ADÉLAÏDE. Évariste… *(Elle l'enlace autant qu'elle s'accroche à lui.)* Je t'aime, mon grand. On ne va pas sombrer. Je te promets. Je te promets. On ne va pas sombrer.

Adélaïde disparaît.

ÉVARISTE. Maman… Bientôt vous aurez un grand fils. Un vrai grand fils. Je serai là pour veiller sur vous.

Il se replonge dans le travail.

Scène 3

Adélaïde et Fourier partagent la rue à distance. Adélaïde est dans ses pensées, Fourier n'a d'yeux que pour elle.

FOURIER. Elle est sûrement restée aussi un peu pour moi. Moi, si j'étais jeune et veuve, je serais fascinée de rencontrer un spectre. Pouvoir enfin se montrer faible, même folle, sans crainte des lendemains. Adélaïde… *(Pause.)* Adélaïde…

ADÉLAÏDE. Quoi ?

FOURIER. Qu'attendez-vous de moi ?

ADÉLAÏDE. Avant qu'Évariste ne sorte ? Une simple chose.

FOURIER. Toutes, elles commencent frugales et finissent gourmandes.

ADÉLAÏDE. Savoir ce que vous avez fait du traité.

FOURIER. Rien de plus soyeux ?

ADÉLAÏDE. Comment on peut perdre un traité? Ça ne se perd pas, un traité.

FOURIER. Je ne l'ai pas perdu, je suis mort dessus.

ADÉLAÏDE. …

FOURIER. Mon front l'a tamponné. Un sceau d'approbation apposé, hélas, trop tard. *(Pause.)* Le cœur.

ADÉLAÏDE. Et comment se fait-il qu'il a disparu?

FOURIER. Ah, ça, c'est un bien grand mystère.

ADÉLAÏDE. Vous devez bien avoir une petite idée.

FOURIER. Je dirais un rat ou un courant d'air.

ADÉLAÏDE. Vous m'apparaissez avoir la vue étrangement courte pour un spectre.

FOURIER. C'est vrai, hélas, je ne semble pas doté de grands pouvoirs. J'ai continué à me toucher partout, ça n'a rien déclenché que vous ne déclenchiez déjà. Déjà, être spectre, ça me pesait, mais je dois en plus m'avouer bas de gamme. Je vous déçois? *(Il ose laisser glisser ses mains sur elle.)*

ADÉLAÏDE. Plus jamais, vous m'entendez?

FOURIER. Vous avez raison, c'est impardonnable, vous me voyez aussi confus que congelé.

ADÉLAÏDE. Vous ne savez vraiment pas comment le traité a pu disparaître?

FOURIER. Le bas, le bas de la gamme. Entre ma mort et la présente soirée, je ne détiens aucune information privilégiée. Ma seule magie *(d'un geste il fait apparaître Évariste)*: n'est-il pas ravissant?

Adélaïde se surprend à regarder Évariste un court instant, mais se concentre à nouveau sur Fourier.

ADÉLAÏDE. C'est tout de même étonnant. D'abord Cauchy, puis vous. Chaque fois qu'Évariste a essayé de rendre son traité public…

Fourier éteint la fenêtre.

FOURIER. Oh, c'est quoi, là ? Mais allez-y franchement, ne vous gênez pas, criez au complot !

ADÉLAÏDE. Je n'ai pas dit…

FOURIER. C'est bien les mères, ça. Accuser tout ce qui bouge. Parce qu'évidemment, leur progéniture, elle, est toujours sans tache.

ADÉLAÏDE. Je sais parfaitement qu'Évariste est loin de l'ange. Mais sur ce sujet, c'est avec lui que je m'expliquerai. Le traité a disparu deux fois. On peut, sans crier au complot, soupçonner une certaine négligence…

FOURIER. On se demande bien qui a été le plus négligent de l'histoire. Quand on tient au creux de sa main l'avenir des sciences, madame, il me semble que la moindre des choses est d'en faire une copie de sûreté. Non, pas votre fils. Il flamboie, ah ça… Il flamboie tellement qu'on se demande s'il n'a pas la tête un peu brûlée. Jamais vu un mathématicien faire autant de tapage, manquer autant de sérieux. Il aurait daigné les interrompre, ses frasques, le temps de le copier, son traité, on n'en serait pas là, ni vous ni moi.

ADÉLAÏDE. Ça ne me dit toujours pas…

FOURIER. De grâce, desserrez les mâchoires, il n'y a pas d'os. Adélaïde, vous devriez plutôt me remercier d'être descendu pour prendre en mains l'avenir du traité. Oui, Évariste est capable de grandes choses, mais pour se faire entendre, il est tout sauf doué.

ADÉLAÏDE. Expliquez-vous.

FOURIER. Rien que son style. Le style Galois! Une concision radicale. Il ne commente rien, ne démontre rien. On jurerait que son plus grand plaisir est d'agresser les Anciens.

ADÉLAÏDE. Excusez-moi d'être indiscrète, mais ce corps, c'est bien le vôtre?

FOURIER. Être Moderne, madame, ce n'est pas la couleur du poil, ça se passe entre les deux oreilles. Suis-je vraiment en train d'expliquer ça à une femme?

ADÉLAÏDE. Aviez-vous, Fourier, un intérêt à ce que son traité disparaisse?

FOURIER. Qu'est-ce que je ferais ici, attifé en spectre?

ADÉLAÏDE. Ce n'est pas une réponse.

FOURIER. C'est vous, l'esquiveuse! Jeune *et* veuve! Et vous allez me faire croire qu'en cette nuit, alors qu'un spectre vous est offert, vous ne pensez qu'au traité de votre fils? Je rigole! *(Pause.)* Ah, c'est ça… Vous ne les acceptez pas, les petits frissons qui se réveillent en vous à mon contact. Les salauds de traîtres de petits frissons. Voilà pourquoi ça vous prend absolument un os dans lequel mordre.

ADÉLAÏDE. Après avoir entendu ça, essayer de me réconcilier avec Évariste, je vous jure, ce ne sera que pur charme.

Elle s'éloigne.

FOURIER. C'est ça, allez vous réfugier dans votre grande intériorité! On va vraiment finir par croire que tous les Galois s'estiment au-dessus du monde. Ah, la belle nuit. Et moi qui m'ennuyais de la terre. La belle nuit. La douce nuit.

SCÈNE 4

La chambre de la maison de santé.

ÉVARISTE. Combien d'imbéciles se sont dressés en mur… À l'aube, c'est à eux que je penserai. Les salauds, les salauds. Les salauds! *(Évariste explose. Il pourrait s'en prendre à tout ce qui lui tombe sous la main. Un défoulement, au présent, qui finit par l'entraîner dans le souvenir.)* Que «je me calme»? Que «je me calme»? J'ai vu à l'œuvre une gueule infâme, pareille à celle qui a triomphé de mon père. Épargnez-moi vos berceuses!

Adélaïde apparaît à Évariste.

ADÉLAÏDE. Arrête, tu vas te blesser!

ÉVARISTE. Je croyais l'algèbre si abstraite qu'elle échappait aux réalités de ce monde. Eh bien non. Je viens d'apprendre qu'elle a bel et bien des racines dans la terre que nous foulons. C'est une bonne nouvelle. La mauvaise, c'est que le sol est souillé par la bêtise. Je vais le tuer.

ADÉLAÏDE. Dis-moi ce qui s'est passé.

ÉVARISTE. Rien. Absolument rien. Sinon que je peux oublier pour toujours Polytechnique!

ADÉLAÏDE. C'est impossible. Ils t'ont admis d'office.

ÉVARISTE. Le salaud. L'ignoble salaud!

ADÉLAÏDE. Qui ?

ÉVARISTE. Ça change quoi ? Lefébure de Fourcy. Du gras de bœuf inconnu.

ADÉLAÏDE. C'était ton examinateur ? Je ne comprends pas. Il n'était pas censé t'interroger, vous deviez discuter ensemble de l'orientation de tes travaux.

ÉVARISTE. « C'est donc vous, la merveille », c'est à peu près la seule phrase qu'il m'a dite. Il n'avait lu ni mes publications ni mes recherches en cours. Il n'en avait que pour ma réputation. J'ai dû batailler pour les lui exposer.

ADÉLAÏDE. Il a écouté ?

ÉVARISTE. Il a ri. *(Pause.)* J'essayais de lui expliquer la concision du langage que je comptais développer, le pourquoi de cette concision. Il vomissait de rire. Quand j'ai parlé de la possibilité de pousser plus loin vers l'abstraction… Ça a été… Comment peut-on rire, comment peut-on se prétendre mathématicien et s'empoigner le gras du ventre quand on vous expose le seul espoir de survie de sa propre science ?

ADÉLAÏDE. Il n'a peut-être pas tout saisi, ce n'était peut-être pas sa spécialité.

ÉVARISTE. C'est pire. Il ne voulait pas que ça existe.

ADÉLAÏDE. Mais l'autre examinateur…

ÉVARISTE. Il n'a pas eu le temps d'intervenir. L'affaire était déjà classée.

ADÉLAÏDE. Lefébure n'avait pas à se prononcer sur ton compte. Tu étais déjà admis.

ÉVARISTE. Il a reçu une brosse à tableau en plein front.

ADÉLAÏDE. Quoi ?

ÉVARISTE. N'espérez rien, c'était tout sauf un accident. C'est précisément là que je visais.

ADÉLAÏDE. Bon sang.

ÉVARISTE. Mon seul regret, c'est de ne pas avoir eu le courage de lui jeter mon gant plutôt que la brosse. Je vous jure, maman, je vais le provoquer en duel.

ADÉLAÏDE. Tu devras d'abord me marcher sur le corps.

ÉVARISTE. Il n'aura plus le choix de m'entendre. Je sais trop bien où ça mène, se taire. Qui en a entendu l'écho, des belles idées de papa ? Personne. Il s'est étouffé avec.

Gifle.

ADÉLAÏDE. Ça venait de ton père.

ÉVARISTE. Papa n'aurait jamais eu le courage de me gifler.

ADÉLAÏDE. Et comment, qu'il l'aurait fait, s'il t'avait vu perdre la tête devant un parfait imbécile. C'est toi, le lâche. C'est toi !

ÉVARISTE. …

ADÉLAÏDE. Ce Lefébure est sûrement le plus inoffensif briseur d'ailes que tu auras sur ton chemin. Tu en rencontreras mille autres. Et des drôlement plus raffinés que lui. Apprends à choisir tes batailles. C'est ce que ton père t'aurait dit. Et c'est ce qu'il a fait. Pour toi !

Adélaïde disparaît. Évariste consulte sa montre.

ÉVARISTE. Calme-toi. Calme-toi. Les imbéciles t'ont déjà fait perdre suffisamment de temps.

Il se replonge dans le travail.

Scène 5

La rue. Fourier s'assure qu'Adélaïde ne lui accorde aucune attention. Évariste travaille frénétiquement. Fourier s'adresse à lui sans que ce dernier l'entende.

FOURIER. Une structure abstraite, totalement abstraite… Comment tu as fait pour voir si loin ? Seul un fou, à notre époque, aurait osé tout miser sur l'abstraction. Le moindre de nos gestes doit produire ses fruits dans la minute. Et pas qu'en sciences… tout le pays s'emploie à rattraper le retard. En retard sur qui, sur quoi, on ne le saura jamais, mais rattraper le retard, c'est l'air du siècle. Tu l'as bien respiré, cet air…

ÉVARISTE. Sous-groupe distingué maximal de « S de 3 » est « A de 3 ».
Celui de « A de 3 » est « 1 ».
« S de 3 » sur « A de 3 » égale factorielle de 3 divisée par 3, égale 2.
Pas le temps de démontrer pour « 1 ».

FOURIER. Ça, tu devrais démontrer. *(Pause.)* Qu'est-ce que j'en sais, au fond. Puisque ce n'est pas à nous que tu t'adresses. *(Un temps.)* Je ne suis pas plus idiot que toi. Et pourtant, comme tout le monde, je me suis employé à le rattraper, le foutu retard. J'ai étudié la chaleur parce qu'il fallait les chauffer, les hôtels et les palais. Tu veux rire un bon coup? En marge de mes recherches, j'ai même orchestré la construction de grandes routes. Lyon-Turin, c'est moi. Quatre-vingts kilomètres de marais paludéens à assécher, si on n'appelle pas ça avoir les mains dans le concret... Tu n'es ni fou ni illuminé. Comment tu as fait pour t'affranchir du temps?

SCÈNE 6

La chambre de la maison de santé. Évariste consulte sa montre, s'inquiète.

ÉVARISTE. Ça va trop vite. Beaucoup trop vite. Les aiguilles semblent folles. J'ai besoin de chaque seconde!

Adélaïde apparaît à Évariste.

ÉVARISTE. Je n'ai pas le temps d'étudier pour devenir professeur, je n'ai pas le temps de me consacrer à l'enseignement. Je n'ai pas...

ADÉLAÏDE. Tu as tout le temps du monde.

ÉVARISTE. Le temps hurle, me poignarde. Au moins, le temps est un ennemi honnête. Je sais d'avance qu'il ne me laissera que peu de marge. J'ai besoin de chaque seconde pour mes recherches.

ADÉLAÏDE. Tu diras ça à tes professeurs. Et je te prierais de les en convaincre sans les cabosser.

ÉVARISTE. Vous m'envoyez à la mort.

ADÉLAÏDE. Ça s'appelle l'École normale. Le cocher sera là dans dix minutes, tu fais tes valises.

Un mini-temps.

ÉVARISTE. Il y a autre chose, maman. Un détail que vous avez habilement évité tout l'été. Feindre de ne pas avoir d'opinions politiques, je n'en ai pas non plus le temps.

ADÉLAÏDE. La direction de l'École s'affiche royaliste, et alors. Ça ne t'empêchera pas de penser, de travailler, l'algèbre n'a pas de drapeau !

ÉVARISTE. L'algèbre aussi est une vision du monde.

Un mini-temps de réflexion.

ADÉLAÏDE. Ça se peut. Mais heureusement, vous êtes les seuls à le savoir.

ÉVARISTE. … ?

ADÉLAÏDE. Fais comme les grands que tu admires, aie l'intelligence de protéger tes travaux. Tes idées, contente-toi de les exprimer en chiffres. As-tu déjà vu un scientifique afficher publiquement ses allégeances ? Être discret, je veux dire dans la vie, c'est une nuance qui te serait possible ?

ÉVARISTE. Non.

ADÉLAÏDE. Tête de…

ÉVARISTE. Votre fils.

ADÉLAÏDE. Moi, je n'ai jamais couru après le malheur.

ÉVARISTE. Un homme est mort, maman. À cause de la bêtise. Je ne peux pas accepter que le monde demeure dans le même ordre, coupable, dans la même hiérarchie, coupable, autour de l'espace que cet homme n'occupe plus.

ADÉLAÏDE. Tu as raison, Évariste. Sauf que cet homme, c'est ton père.

Un temps. Si Évariste travaillait toujours, il cesse à ce moment.

ÉVARISTE. Je ne sais pas comment le pleurer, maman. Je lui dois tout, mais il n'est plus là. *(Un temps.)* C'est comme s'il m'avait offert une clé, mais qu'au même moment, il m'avait tranché la main. Il me manque tellement. Que je trouve un théorème ou que je lance des assiettes contre le mur, on dirait que ça ne fait pas de différence. J'ai l'impression que plus rien n'existe vraiment. Que sans son regard, les choses existent moins. *(Pause.)* Parfois, j'aurais envie de tout saboter. Même mes recherches. De lui faire si honte qu'il serait obligé de revenir me sermonner. Alors il verrait aussi le vide qu'il a laissé. *(Un long temps.)* Vous, maman, comment vous faites… pour ne pas le détester ? Comment vous faites pour vous lever, vous coiffer, pour faire la classe à Alfred ?

ADÉLAÏDE. Tu n'as pas encore l'œil. Je ne me coiffe pas tous les jours.

ÉVARISTE. Vous aussi, vous lui en voulez ?

ADÉLAÏDE. Pour une seule chose. Qu'il soit parti sans rien dire. Sans même rien écrire. Je crois que je ne lui pardonnerai jamais de ne pas nous avoir dit adieu.

ÉVARISTE. Vous parlez de reproches, mais tout ce que j'entends, c'est que vous l'aimez encore.

ADÉLAÏDE. Oui, malgré la colère, je l'aimerai toute ma vie.

ÉVARISTE, *dur.* Et lui, toute sa mort. Il vous a abandonnée, maman !

ADÉLAÏDE. Ça, c'est entre lui et moi.

ÉVARISTE. Je sais combien il vous aimait. Il ne parlait pas beaucoup, mais… Il m'écrivait au collège. Vous étiez partout dans ses lettres. *(Adélaïde est évidemment touchée.)* Il vous aimait comme un fou, mais il vous a abandonnée. On peut donc faire ça? *(Pause.)* Autant je rêve d'algèbre, maman, autant je rêvais d'amour. Et… Et c'était fulgurant. Je me voyais bondir partout. Caresser sa main jusqu'à l'usure. Faire le pitre, les jours de tristesse, jusqu'à ce que son sourire renaisse. Quel vertige ce doit être d'habiter dans le cœur de quelqu'un. Et d'avoir quelqu'un qui habite dans son propre cœur. C'est comme pouvoir vivre deux vies. Je suis certain, maman, que j'aurais été un bon amoureux. Mais ça n'aura jamais lieu. Je n'oserai jamais. Parce que maintenant, je sais qu'on peut aimer et abandonner.

ADÉLAÏDE. Évariste, tu n'es pas marqué d'un sceau. Le geste de Gabriel, c'est le geste de Gabriel.

ÉVARISTE. C'est tout décidé. Je me tiendrai à jamais les yeux clos.

ADÉLAÏDE. Tu parles comme une veuve… *(Évariste pleure silencieusement, Adélaïde l'enserre.)* Je te promets, mon petit homme, que tu n'auras pas toujours aussi mal. Un jour, la douleur finira par prendre sa juste place. Et ce jour-là sera extraordinaire. Tu verras, tu auras envie de dessiller les yeux. La douleur se sera rangée, et l'amour pourra venir occuper cet espace.

Alfred apparaît.

ALFRED. Euh… Il y a le cocher.

ADÉLAÏDE. Déjà?

ALFRED. Je pourrais le renvoyer. Lui dire de ne plus jamais revenir.

ADÉLAÏDE, *tendre.* Non.

ALFRED. J'imagine qu'il faut que je vous laisse seuls…

ÉVARISTE. Qu'est-ce que tu attends? Grimpe, ne la laisse pas répondre!

Alfred saute sur le dos d'Évariste. Il s'accroche à lui, littéralement. C'est là qu'il est bien, blotti contre le dos de son grand frère.

ADÉLAÏDE. J'ai quelque chose pour toi.

ÉVARISTE. Qu'est-ce que c'est?

Un mini-temps.

ADÉLAÏDE. La montre de Gabriel. Elle te fascinait tant. J'ai pensé…

Un temps.

ÉVARISTE ET ALFRED. La trotteuse…

ADÉLAÏDE. «Elle ne s'arrête jamais.»

ÉVARISTE. «Elle ne s'arrête jamais.» Il était tellement fier quand il disait ça.

ADÉLAÏDE. Il ne s'est jamais douté qu'on savait tous qu'il la remontait en cachette.

ÉVARISTE. Oh, maman…

Adélaïde et Alfred disparaissent. Évariste se replonge dans le travail.

ÉVARISTE. «S de 5» sur «A de 5» égale factorielle de 5 divisée par factorielle de 5 sur 2, égale 2.
«A de 5» sur 1 égale factorielle de 5 sur 2.
Comme 60 n'est pas premier…

La rue.

FOURIER, *décrivant ce qu'il voit au loin.* Un jeune homme marche sur un boulevard de Paris. Sa cadence, son visage, la présence de pieds qui pressent les siens, tout n'est que douleur.

Alfred et Augustin entrent en scène en cette nuit. Ils sont toujours au loin.

ALFRED. Tu crois qu'ils sont à la maison de santé ? Tu crois que je pourrai le voir ?

AUGUSTIN, *raide.* Je te le souhaite.

ALFRED. Augustin…

AUGUSTIN. Je n'ai pas envie de parler, Alfred.

ALFRED. Tu es fâché parce que je t'ai réveillé ?

AUGUSTIN. Je ne dormais pas.

ALFRED. Je voudrais juste savoir… Évariste et toi, quand êtes-vous devenus des amis ?

AUGUSTIN. …

ALFRED. Juste ça. Après, promis, je me tais.

AUGUSTIN. Je sais qu'il te manque, Alfred, mais tout ce dont j'arrive à me souvenir ce soir, c'est combien je le haïssais.

ALFRED. Ah…

AUGUSTIN. Son désordre, son vacarme… Chaque nuit, une telle tempête. C'était ma dernière année à l'École normale, je voulais bien préparer mes examens.

ÉVARISTE. C'est ça. Mais c'est ça! *(Il rit, exalté.)* Ax à la 5, plus bx à la 4 plus plus plus jusqu'à F, égale 0! Cinq degrés: c'est résolu. Je vole!

AUGUSTIN. J'avais l'impression de partager la chambre avec un fou qui se battait contre les meubles.

ÉVARISTE. Mais il fallait se plaindre, mon pauvre, si c'était si grave. Un type comme toi doit se faire une fierté d'abreuver l'oreille du directeur.

AUGUSTIN. C'est quoi, un type comme moi?

ÉVARISTE. Un type à qui on confie le courrier.

AUGUSTIN. Mais tu ne respectes rien?

ALFRED. Il travaillait? Le bruit, c'est parce qu'il travaillait?

AUGUSTIN. Il se moquait de tout, de tous… Comment j'aurais pu savoir?

ALFRED. Tu ne lui parlais pas?

AUGUSTIN. Après deux mois, je lui ai adressé la parole. Quand je l'ai surpris à fouiller dans le sac de courrier et de cadeaux adressés aux élèves. Je suis désolé, Alfred. Ce soir, je n'ai pas de beaux souvenirs à t'offrir.

ÉVARISTE. Je n'ai pas essayé de voler. Je te jure. J'attends une lettre d'importance. J'ai soumis un traité à l'Académie des sciences.

AUGUSTIN. Je n'ai pas envie de te voir te débattre comme un cafard. On peut être plus dignes que ça.

ÉVARISTE. J'ai demandé Cauchy comme évaluateur.

AUGUSTIN. Cauchy… *Le* cerveau de l'Académie des sciences. Le membre le plus influent avec Fourier. Que ça.

ÉVARISTE. S'il a respecté le délai, sa lettre est dans le sac. As-tu trié le courrier?

AUGUSTIN. Tu sais comme moi qu'il n'y a pas de lettre de Cauchy dans ce sac.

ÉVARISTE. Sûr qu'elle y est. Je travaille sur une structure de groupes. Ça rejoint ses recherches sur les permutations. C'est impossible qu'il ait ignoré mes travaux, il en aura besoin pour poursuivre les siens. *(Pause.)* Tu sais lire? *Vraiment* lire?

AUGUSTIN. Je suis en troisième.

Évariste produit quelques bouts de papier chiffonnés. Augustin ne bronche pas.

AUGUSTIN. C'est quoi, ça?

ÉVARISTE. Ça devrait suffire à te rassurer sur mon compte.

AUGUSTIN. Galois, si tu étais sérieux, tu me présenterais ton traité.

ÉVARISTE. Je n'en ai pas de copie.

AUGUSTIN. Bien sûr, j'oubliais, c'est Cauchy qui l'a. Le grand Cauchy a en mains la seule copie.

ÉVARISTE. Prends, je te dis.

Un temps. Augustin finit par tendre la main. Évariste retient les feuilles au dernier moment.

ÉVARISTE. Pendant que tu lis, je peux vérifier le courrier? *(Un long temps.)* Merde! Merde! Il ne peut pas passer par-dessus ça. Ce serait de la bêtise!

AUGUSTIN. …

ÉVARISTE. C'est quoi? C'est mon âge? C'est mon nom? C'est Polytechnique?

Augustin est totalement subjugué.

AUGUSTIN. C'est… impossible.

ÉVARISTE. Pas mal, non, pour un voleur?

AUGUSTIN. Galois, résoudre l'équation de degré 5, c'est le plus grand défi que pose l'algèbre depuis des siècles. Celle de degré 4 a été résolue en 1545. Nous sommes en 1829, ça fait… *(Très, très légère hésitation, ça aurait pu passer inaperçu, mais Évariste prend un malin plaisir à le battre de vitesse.)*

ÉVARISTE. Deux cent quatre-vingt-quatre ans.

AUGUSTIN. J'allais le dire. Ça fait 284 ans que les plus grands cerveaux mathématiques cherchent la solution à ce problème. Cauchy y compris! Et tu voudrais me faire croire que *toi*… Arrête de me prendre pour un crabe!

ÉVARISTE. Tu as déjà vu quelqu'un écrire l'algèbre de cette façon?

Un mini-temps.

AUGUSTIN. Non. C'est le plus troublant. Les formulations, les séquences, je ne reconnais rien. Le style est unique.

ÉVARISTE. Merci.

AUGUSTIN. Où est-ce que tu as déniché ça?

ÉVARISTE, *se tapant le cœur à deux reprises.* Là.

AUGUSTIN. C'est impossible. Ça ne peut pas être de toi.

ÉVARISTE. C'est de moi, Augustin. Sur la mémoire de mon père.

Un temps.

AUGUSTIN. Redis-le.

ÉVARISTE. Sur la mémoire de mon père.

Un mini-temps.

AUGUSTIN. C'est vraiment toi qui…

ÉVARISTE. Oui.

AUGUSTIN. C'est extraordinaire !

ÉVARISTE. Qu'est-ce que tu trouves extraordinaire ?

AUGUSTIN. Un problème qui perdure depuis des lustres, et c'est toi qui le résous ! Ici même, dans cette chambre ! C'est incroyable… Et dire que je pestais contre toi. Je vais pouvoir raconter ça à mes élèves. J'y étais… mais ça m'empêchait de dormir ! *(Il rit. Pause.)* Tu as toutes mes excuses. C'est colossal, Évariste.

ÉVARISTE. En soi, ça ne vaut pas grand-chose.

AUGUSTIN. Tu as vu la complexité de ta preuve ? Un édifice prodigieux !

ÉVARISTE. Ce ne sont que des calculs.

AUGUSTIN. Oh, arrête. L'équation de degré 6 demeurerait à jamais une énigme, je n'en serais pas surpris. Non, jamais un cerveau ne pourra construire des calculs plus complexes que les tiens.

ÉVARISTE. Tu veux une confidence ? J'ai résolu degré 5, mais degré 6 aussi. 7, 8, 9, 11, 25, tu peux compter jusqu'à l'infini, c'est réglé pour toujours.

AUGUSTIN, *trouvant la blague d'Évariste bien bonne.* Mais qu'est-ce qu'ils feront, les mathématiciens, après toi ?

ÉVARISTE. J'ai fourni une méthode de résolution générale, Augustin, valable pour toutes les équations, peu importe leur degré. C'est *ça* qui est extraordinaire.

AUGUSTIN. Une méthode générale, ça n'existe pas…

ÉVARISTE. Justement. Pourquoi tu crois que personne avant moi n'avait réussi à résoudre le problème ? Les autres mathématiciens ne manquent pas d'intelligence. Je connais leurs travaux par cœur, je sais exactement comment ils pensent : ils ont tous l'esprit enchaîné à la notion de particulier. Un à un, il se sont cassé les dents sur l'équation de degré 5, parce qu'ils isolaient le problème. Ils essayaient de le résoudre en soi.

AUGUSTIN. C'est la façon logique de faire : un problème, une solution. Surtout quand on parle de problèmes de cette taille. Ça t'a exigé des calculs monstrueux !

ÉVARISTE. La seule façon de le résoudre, c'était de s'en décoller. Ma méthode de résolution générale, Augustin, ce n'est pas du zèle, c'était l'unique solution.

AUGUSTIN. Tu veux dire…

ÉVARISTE. Raisonner en termes de particulier, ce n'est plus viable.

AUGUSTIN. Les autres mathématiciens font encore des découvertes…

ÉVARISTE. L'équivalent de mots d'esprit, rien de plus. Rien qui pourrait survivre.

AUGUSTIN. Mais il n'y a pas d'autre façon de penser !

ÉVARISTE. Faux. Maintenant, mes groupes existent. Quand je suis finalement venu à bout de l'équation de degré 5, j'ai continué à réfléchir. En fait, j'ai forcé mon esprit à s'envoler encore plus haut vers l'abstraction.

AUGUSTIN. Évariste, tu le sais comme moi, rien n'existe dans la pure abstraction. Et c'est aussi vrai en algèbre.

ÉVARISTE. C'est pourtant à cette hauteur que j'ai vu se dessiner mes groupes. C'est fou, ça ne prenait que ça, un bond de l'esprit.

AUGUSTIN. C'est quoi, tes groupes ?

ÉVARISTE. L'objet de mon traité.

AUGUSTIN. C'est quoi ?

ÉVARISTE. C'est… une absence.

AUGUSTIN. Une absence ?

ÉVARISTE. Je crois qu'on peut dire ça comme ça.

AUGUSTIN. Évariste, tu devrais te reposer. Je te le dis très amicalement. C'est normal d'être épuisé après un tel exploit.

ÉVARISTE. Si je te dis une absence de cloisons, tu comprends mieux ?

AUGUSTIN. Comprendre quoi ?

ÉVARISTE. Il existe un territoire de la pensée où les cloisons sont absentes.

AUGUSTIN. Évariste, arrête, tu me fais peur. J'ai l'impression d'être en train de discuter avec Gérard de Nerval.

Ça fait rire Évariste.

ÉVARISTE. Je n'ai rien d'un poète, je te parle de l'avenir de l'algèbre ! L'équation de degré 5, Augustin, ce n'était rien. Tu imagines, longtemps après nous, la complexité des problèmes auxquels les chercheurs auront à se confronter? Ça prend une structure qui permette à l'esprit d'embrasser plusieurs équations à la fois. De les considérer non pas une à une, mais selon leurs propriétés communes, selon leur symétrie. Ça prend une structure qui permette à l'esprit de penser large. C'est ça qu'ils permettent, mes groupes. Regarde ta main, Augustin. Fais-le, je te dis. Regarde ta main, et regarde plus loin. Plus loin encore, sans rien perdre de vue. Imagine-toi maintenant qu'il y a dix mains devant tes yeux. Quand on sera morts, il y en aura mille! Essaie de voir le plus loin que tu peux, plus loin encore, sans rien perdre de vue. Tu vois? Tu vois? Tu ne peux pas t'attarder à chacune! Et si un oiseau passait à des kilomètres? Ah, ah! Comment tu ferais pour le voir sans abandonner les mains du regard?

Augustin connaît un sérieux déséquilibre.

ÉVARISTE. Augustin, ça va?

AUGUSTIN. Oui… euh… J'ai beaucoup aimé. C'était très bien. Surtout quand l'oiseau s'envolait…

ÉVARISTE, *riant.* Augustin!

AUGUSTIN, *reprenant ses esprits.* Excuse-moi. *(Pause.)* Je comprends le principe, mais ça sert à quoi?

ÉVARISTE. À penser large.

AUGUSTIN. Je veux bien…

ÉVARISTE. À penser loin aussi. Ça permet d'anticiper.

AUGUSTIN. Mais à quoi c'est dédié?

ÉVARISTE. Tu veux dire…

AUGUSTIN, *comme une évidence.* Les applications concrètes.

ÉVARISTE. Ah ça. Aucune.

AUGUSTIN, *il a un sourire*. Tu n'as pas à te méfier de moi.

ÉVARISTE. Je ne cache rien.

AUGUSTIN. Allez… Quand tu iras solliciter un mécène, tu lui diras quoi ? À qui tes groupes profiteront dans l'immédiat ?

ÉVARISTE. À personne. Dans l'immédiat, à personne. Non… ce n'est pas pour nous. Les chimistes s'en empareront sûrement. Les physiciens aussi. Mais les applications concrètes, comme tu dis, selon moi, elles ne seront visibles que dans cent, deux cents ans.

AUGUSTIN. Deux cents ans ?

ÉVARISTE. Pourquoi tu me regardes le crâne ?

AUGUSTIN. C'est impossible. Personne ne… Nous sommes en retard, Évariste. Nous accusons un grave retard. Tout le monde travaille à rattraper ce retard.

ÉVARISTE. Et… ça se passe bien ?

AUGUSTIN. C'est sérieux, Évariste. Tu n'as pas pu passer des nuits entières à travailler sans connaître l'utilité de tes recherches… C'est impossible. Impossible !

ÉVARISTE. C'est idiot, ce que tu dis. Comment veux-tu inventer si tu sais exactement ce que tu cherches ? Je me suis buté sur l'équation de degré 5, c'est ça qui m'a permis de m'élever, de nuit en nuit, jusqu'à l'idée de groupes. On ne peut pas chercher, Augustin, vraiment chercher, en connaissant à l'avance le paysage final.

AUGUSTIN. Deux cents ans… personne n'en profitera. Je veux dire, personne de nous n'y sera…

ÉVARISTE. C'est vrai. Et c'est ce qui me fascine le plus. Rendre possible un monde que je ne connaîtrai jamais.

Évariste disparaît.

ALFRED. Augustin… Je pourrais grimper sur ton dos ?

AUGUSTIN. Je ne suis pas ton frère. *(Pause.)* C'est bon.

ALFRED. Tu es sûr que tu ne te souviens pas du moment où vous êtes devenus amis ?

AUGUSTIN. Je ne sais pas, Alfred, non. Pourquoi tu demandes ça ? Pour l'amour, on s'en souvient toujours, mais pour les amis…

ALFRED. J'ai vraiment usé à la corde tous les souvenirs que j'avais de lui. S'il te plaît, Augustin. Si tu avais à dire un moment ?

Un temps. Augustin se laisse soudainement toucher.

AUGUSTIN. La seconde où j'ai compris la beauté de son traité. Je me souviens de l'avoir prié de tout faire pour qu'il existe. Au fond, c'est mon soutien que je voulais lui offrir, mais à la place, je l'ai prié. J'avais déjà besoin de lui.

Scène 8

La rue. Augustin et Alfred arrivent à destination. Augustin tentera pendant toute la scène de cacher son trouble.

ALFRED. Maman !

ADÉLAÏDE. Alfred ?

ALFRED. Je vous ai cherchée partout.

AUGUSTIN. Il est venu frapper chez moi.

ADÉLAÏDE. Tu as marché jusque chez Augustin ?

AUGUSTIN. Je me suis dit que vous seriez sûrement ici.

ADÉLAÏDE. Oh… Merci. Merci, Augustin. Je suis désolée, je… Je suis partie sur un coup de tête. Je m'excuse, Alfred, tu ne te réveilles jamais.

ALFRED. Il est là ? Vous l'avez vu ?

FOURIER. Il faudra attendre.

ALFRED, *à Adélaïde.* C'est qui, lui ?

FOURIER. L'ami d'Évariste.

ALFRED. C'est Augustin, l'ami d'Évariste.

AUGUSTIN. Je dois y aller. Au revoir, madame.

ADÉLAÏDE. Augustin, tu ne restes pas ?

AUGUSTIN. Je me lève tôt.

ADÉLAÏDE. Reste. Je te le demande. Ça fait si longtemps que je ne l'ai pas vu. Et… je ne suis pas certaine que c'est moi qu'il aura envie de voir la première.

AUGUSTIN. Il sera plus que content de vous retrouver.

ADÉLAÏDE. Peut-être, mais que tu sois là…

AUGUSTIN, *trop sec.* Je ne peux pas.

ADÉLAÏDE. Ça va, Augustin ?

AUGUSTIN. Oui, oui.

ADÉLAÏDE. Je dis à Évariste qu'il te verra demain ? Tu mangeras avec nous ?

Augustin se fait violence pour acquiescer, s'apprête à sortir.

FOURIER. Augustin, je voudrais te parler.

AUGUSTIN. Nous nous connaissons ?

FOURIER. Indirectement. *(Il le prend à part.)* Je veux seulement que tu saches… qu'Évariste travaille cette nuit. Il rédige le traité. Ma seule crainte, c'est qu'il n'ait pas le temps de tout démontrer.

AUGUSTIN. Comment savez-vous ?

FOURIER. Je sais aussi pourquoi tu ne dors pas : à l'aube, tu as rendez-vous à l'étang de la Glacière. *(Augustin a un choc.)* Augustin, si c'est toi qui restes debout, je veux que tu retiennes ce nom : Liouville. Tu ne le connais pas, Évariste non plus, c'est encore un jeune mathématicien. Mais il aura l'esprit moderne. Si c'est toi que l'aube épargne, Augustin, il faut que tu conserves le traité tant et aussi longtemps que Liouville ne sera pas établi. Tu comprends ce que ça veut dire, tant qu'il ne sera pas obligatoire de l'écouter. Ça prendra, je crois, dix ans. D'ici là, tu ne le montres à personne.

AUGUSTIN. Qui êtes-vous ?

FOURIER. Tu devrais partir, maintenant.

Effrayé, il sort.

ADÉLAÏDE. Augustin ! Mais qu'est-ce que vous lui avez fait ?

FOURIER. On a causé sciences. C'est toujours un peu troublant.

Scène 9

Augustin, en cette nuit. On l'imagine errant jusque chez lui.

AUGUSTIN. Tu… travailles. *(Pause.)* Ça devrait m'apaiser de savoir que le traité existera, finalement… C'est trop tard. Je devine trop bien où tu trouves l'élan, cette nuit, d'accomplir tes prouesses : c'est en me piétinant que tu prends ton envol.

Évariste lui apparaît.

ÉVARISTE. Je ne te laisserai pas tout détruire parce que tu as trop mal pour voir.

AUGUSTIN. Tu as ruiné ma vie, tu vas payer.

ÉVARISTE. Je ne t'ai jamais calomnié, Augustin. Quelqu'un l'a fait. Quelqu'un qui souhaite notre perte.

AUGUSTIN. La ferme ! Ce sera à l'aube. Le lendemain de ta libération. À l'étang de la Glacière.

Augustin veut retirer son gant. Évariste lui agrippe la main.

ÉVARISTE. C'est mon sang que tu veux ? Il n'y a que mon sang pour apaiser ta douleur ? Je suis prêt à te l'offrir, mais pas dans un duel. Ici. Maintenant. Sans autres codes que les nôtres. Nos poings, nos dents, mais pantins de personne. *(Violemment, il lui arrache un morceau d'habit.)*

AUGUSTIN. Arrête, tu deviens fou.

ÉVARISTE. Tu souffres atrocement, Augustin, et je te promets de te faire encore plus mal. Je suis prêt à te mordre, à déchirer ta peau jusqu'à ce que tu oublies qu'on t'a humilié. Et je te mordrai encore, jusqu'à ce que tu te souviennes que nous deux, on s'est promis la vie. Maintenant, maintenant, tu peux enlever ton gant.

Peut-être y a-t-il bataille. Si oui, Augustin a le dessus.

AUGUSTIN. Je te plains d'être capable de te moquer de l'honneur. Je te plains et je plains Stéphanie.

Surgissant de la mémoire d'Augustin, apparaît Stéphanie. On les imagine dans le parloir de l'École normale. Adélaïde et Alfred se trouvent également, au même moment, dans le parloir avec Évariste.

STÉPHANIE. Cousin, ce n'est pas à toi de me plaindre. *(Pause. Vive.)* Il t'a parlé de moi?

AUGUSTIN. Non.

STÉPHANIE. Ça dépasse l'entendement. Je viens te voir à l'école tous les dimanches, je n'ai pas manqué un seul parloir, vous êtes les meilleurs amis du monde, et… C'est impossible. Jamais une question, tu es sûr? Jamais d'allusion à comment s'est déroulée ta visite, tu sais, avec une petite lueur dans l'œil?

AUGUSTIN. Non.

STÉPHANIE. Et sans petite lueur?

AUGUSTIN. Arrête de le regarder. Ça se voit que tu le regardes.

STÉPHANIE. Peut-être qu'il pense que je suis ta fiancée. Et par délicatesse, il attend que tu abordes le sujet le premier…

AUGUSTIN. Il sait que je n'ai pas de fiancée.

STÉPHANIE. Alors, c'est que je lui déplais. Violemment. C'est ça, je le dégoûte à un point tel qu'il évite le sujet pour ne pas avoir à dire des choses abominables sur le compte d'un de tes proches, il te respecte trop pour ça. Y aller d'un compliment de circonstance? Au grand jamais, il déteste mentir. Tu ne m'avais pas dit qu'il était aussi intègre. C'est admirable.

AUGUSTIN. À mon avis, c'est plus simple.

STÉPHANIE. Tu crois?

AUGUSTIN. Il ne t'a jamais vue.

STÉPHANIE. J'y avais aussi pensé. C'est aujourd'hui qu'on saura.

Elle se met un chapeau sur la tête.

AUGUSTIN. …

STÉPHANIE. Je l'ai fait choisir exprès par ma mère, tu as son «bonjûûr».

AUGUSTIN. Enlève ça. Tout le parloir te regarde.

STÉPHANIE. C'est fait pour.

AUGUSTIN. Tu ne penses tout de même pas le séduire avec…

STÉPHANIE. Qui parle de séduire?

AUGUSTIN. Stéphanie, tu as une perdrix sur la tête.

STÉPHANIE. Justement. S'il ne te parle pas de ce chapeau-là, c'est qu'il a littéralement les yeux entre les orteils. Et les hommes qui ont les yeux entre les orteils, je me dis que ça doit s'oublier sans grande peine.

ADÉLAÏDE. Je n'arrive pas à y croire, pourtant… Tous les signes sont là. Même certains grands financiers ont désavoué publiquement Charles X. Tu imagines? Si les alliés naturels du roi se retournent aussi contre lui… Ça sent le soulèvement.

ÉVARISTE. Vous croyez?

ADÉLAÏDE. Certains parlent de semaines, d'autres même de jours avant que ça n'éclate…

ÉVARISTE. Ça ne va pas. Ça ne va pas du tout.

ALFRED. Évariste, c'est qui, la fille?

ÉVARISTE. Je n'ai toujours pas de nouvelles de Cauchy. Je ne sais même pas où se trouve mon traité. C'est vraiment un soulèvement qui se prépare? Il faut que je le récupère.

ADÉLAÏDE. Écris à Cauchy.

ÉVARISTE. Je ne fais que ça!

ALFRED. Évariste, c'est qui, la fille?

ÉVARISTE. Quelle fille?

ALFRED. Celle qui a une perdrix sur la tête.

ÉVARISTE. De quoi tu parles?

ADÉLAÏDE, *pour elle-même.* C'est encore trop tôt.

ALFRED. Trop tôt pour quoi?

STÉPHANIE. Pas un seul regard, peux-tu le croire? Il a beau être intelligent, il n'a aucune périphérie.

AUGUSTIN. Enlève-le, ce n'est plus drôle. Je vais en entendre parler toute la semaine.

STÉPHANIE. S'il le faut, on m'enterrera avec.

ÉVARISTE. Il aurait jugé le traité sans valeur, j'aurais déjà sa réponse… Quelque chose l'empêche de se prononcer.

ADÉLAÏDE. Peut-être que tout n'est pas encore là. Ou pas encore clair.

ÉVARISTE. Il doit y avoir quelque chose… qui pour moi est trop évident, qui me saute aux yeux, mais que lui est incapable de voir…

AUGUSTIN. On dérange peut-être… ?

ADÉLAÏDE. Mais pas du tout, Augustin.

AUGUSTIN. Madame. Bonjour, Alfred.

ALFRED. Bonjour.

AUGUSTIN. Évariste, je voulais te présenter Stéphanie, ma cousine.

ÉVARISTE. Mais c'est ça… c'est ça, Augustin. Un plumeau! *(Il rit.)* Cauchy n'a dû voir dans mes groupes qu'un coup de plumeau, un simple dépoussiérage du langage. Il ne peut pas, selon sa méthode, voir tout ce que ça permet d'anticiper. Je lui récris. Cette fois, c'est la bonne.

Il regagne sa table de travail. Sourires gênés.

ADÉLAÏDE. Vous avez un très joli chapeau.

STÉPHANIE. Vous le voulez ? Il est à vous.

Elle lui donne son chapeau. Tous disparaissent, sauf Stéphanie, qui rejoint Évariste à sa table de travail.

ÉVARISTE. … nous pouvons envoyer AB sur CD, malgré le fait que A plus B égale « 2 fois racine de 2 », et que C plus D égale « moins 2 fois racine de 2 », car l'identité « A plus B égale 2 fois racine de 2 » contient un nombre irrationnel…

STÉPHANIE. Je déteste la campagne.

ÉVARISTE. Parce qu'il y a des perdrix ?

STÉPHANIE. Parce que tu n'y es pas.

ÉVARISTE. C'est ce que ton père voulait.

STÉPHANIE. Je manquerai ta libération, Évariste. Mais je te promets que c'est la dernière fois qu'il réussit à m'éloigner de toi. *(Pause.)* De la campagne, je ne supporte que le vent. Je passe des heures à le laisser flâner sur mon visage. J'ai si hâte de voir ce que ça fera.

ÉVARISTE. Quoi?

STÉPHANIE. T'embrasser hors de ces quatre murs. T'embrasser à l'air libre.

Elle disparaît.

Scène 10

La rue.

FOURIER. Hé, ho, où tu penses aller comme ça?

ALFRED. Voir mon frère.

FOURIER. Tu restes où tu es.

ALFRED. Il est libre ou il n'est pas libre?

FOURIER. Il est occupé.

ALFRED. Ça fait dix mois que je ne l'ai pas vu. Savez-vous, monsieur, ce que c'est que l'attente?

FOURIER. Je ne veux pas que tu bouges, je ne veux pas que tu me parles. Adélaïde, occupez-vous de votre grumeau.

ADÉLAÏDE. Il y a longtemps que j'ai perdu toute autorité sur mes fils.

FOURIER. C'est ça, oui.

ALFRED. Non, monsieur, vous ne savez pas ce qu'est l'attente. Vous n'en connaissez pas les affres. Toute ma vie, j'ai attendu mon grand frère. Et voyez le résultat. Condamné à contempler des mentons, à renifler des aisselles. Allez-y, faites comme tout le monde, parlez-moi de soupes, de croûtes, je vous parlerai de l'attente. Je n'ai jamais grandi d'un seul centimètre en son absence. L'attente, monsieur, c'est des bandelettes qui m'enserrent, des bandelettes cruelles qui m'interdisent l'horizon. Je suis un pied chinois. Je suis un pied chinois !

FOURIER. Adélaïde…

Cette dernière semble plutôt ravie. Visiblement, elle nourrit l'espoir qu'Alfred réussira à forcer le passage.

ALFRED. Monsieur, écoutez ce pied chinois qui vous parle. Laissez-moi franchir ces quelques pas qui me séparent de cette porte. Délivrez-moi de mes bandelettes. Je ne peux pas grandir sans mon grand frère.

Fourier empoigne Alfred. Une prise inédite, proche de celle de l'ours, mais qui a pour seul but de le frigorifier.

ALFRED. Aïe, c'est froid, c'est froid !

FOURIER. Très froid ? Très, très froid ? Dis au monsieur combien tu as froid.

ADÉLAÏDE. Fourier…

FOURIER. Vous n'aviez qu'à faire des enfants normaux. Combien tu as froid, hein, hein ?

ALFRED. Je gèle, vieux fou !

Fourier lui plaque la main sur le ventre. Alfred crie.

ADÉLAÏDE. Fourier !

FOURIER. Ou tu jures de ne plus essayer de déranger ton frère. Ou on passe la nuit collés l'un à l'autre.

Un temps.

ALFRED. Je… je jure.

FOURIER. Sage décision. *(Il le relâche.)* Crois-moi, en matière de rétrécissement, et je te parle d'homme à homme, le froid est bien plus dommageable que l'attente.

ALFRED. Atchou.

FOURIER. C'est ça, médite un peu. Tu comprendras plus tard.

SCÈNE 11

Augustin erre au loin, en cette nuit.

AUGUSTIN. Ne pas le laisser parler. Ne pas l'écouter. Il essaiera, pour sûr, il essaiera encore de me charmer. Ce ne sera que du poison.

Évariste lui apparaît. Le souvenir nous les montre sur le mur extérieur de l'École normale. Augustin est terrorisé. Bruits de tirs et clameur.

ÉVARISTE. Il faut y aller, Augustin ! Ils y sont tous. Polytechnique, la faculté de droit, celle de médecine.

AUGUSTIN. Ils n'ont pas eu à sauter d'un mur, eux.

ÉVARISTE. Notre directeur s'arrangera avec sa conscience. Interdire de participer à une révolution…

Tu imagines la bêtise que ça nécessite d'interdire de participer à une révolution ?

AUGUSTIN. Les autres ont obéi.

ÉVARISTE. Nous deux, on doit y aller.

AUGUSTIN. Non. Ce qu'on devrait être en train de faire, c'est rebâtir ton traité.

ÉVARISTE. J'ai confiance en Cauchy.

AUGUSTIN. Moi, de moins en moins. *(Un bruit le fait sursauter.)* Évariste, sors-moi d'ici. Tu détestes recopier, tu me dicteras. Je te promets de jouer les scribes, mais sors-moi d'ici !

ÉVARISTE. On doit y aller, Augustin. Pour être tranquilles. C'est toi qui le disais.

AUGUSTIN. C'est vrai, je l'ai dit. Qu'on ne pouvait pas se soucier uniquement de l'avenir des sciences…

ÉVARISTE. Qu'il ne fallait pas que l'humain soit en reste. C'est ce soir ou jamais, Augustin, qu'on réussira à se débarrasser de Charles X. C'est ce soir que ça se joue !

Un bruit effroyable. Un éclair.

AUGUSTIN, *hystérique*. Ils tirent au canon !

ÉVARISTE. Calme-toi, c'est ce qu'il y a de plus facile à prévoir, la courbe d'un boulet.

AUGUSTIN. Ce n'est pas drôle ! On sera déchiquetés !

Évariste se couche face à lui, lui prend les mains. C'est un pacte de vie.

ÉVARISTE. On sautera ensemble, on ne se quittera pas, on se battra ensemble. Tu vas voir qu'on va le renverser, le roi. Ensemble, Augustin, on ne peut pas mourir.

AUGUSTIN. Tu dis ça...

ÉVARISTE. Jamais je ne te laisserai mourir. *Jamais.* Sans ton amitié, je me serais dévoré moi-même.

AUGUSTIN. Moi non plus, je ne te laisserai pas crever. Tu... me ventiles ? Ça se dit, ça ?

ÉVARISTE, *riant.* Si tu le dis. *(Il se relève.)* Donne-moi la main, Augustin. Nos mains ensemble, il n'y a plus de vide sous nos pieds.

Évariste disparaît.

AUGUSTIN. Ça n'a jamais été que du poison. Que des mirages. Des terres inaccessibles pour les crabes de mon espèce. Du poison.

Scène 12

La chambre de la maison de santé. Évariste travaille encore et toujours.

ÉVARISTE. Ce ne peut pas être ça, ma mort. Je ne l'ai pas voulue, je ne l'ai pas provoquée... Être tué par... la main d'Augustin ? Non. Il y a assez d'idiots qui m'en veulent, j'en veux à suffisamment d'idiots. Quand je mourrai, ce ne sera pas pour rien.

Adélaïde lui apparaît.

ADÉLAÏDE. Tu es en train de te perdre, Évariste.

ÉVARISTE. J'ai le parfait contrôle sur tout.

ADÉLAÏDE. Et tu t'en vas où comme ça? Là, vraiment, il faudrait que tu m'expliques. L'École normale, tu en penses ce que tu veux, c'est une grande institution. Jean-Baptiste Fourier lui-même y a étudié. Que l'École ne te plaise pas, passe encore, si tu avais démissionné à l'amiable. Non, il fallait que tu déploies l'artillerie lourde pour te faire renvoyer.

ÉVARISTE. Je ne voulais pas me faire renvoyer, je voulais la tête du directeur.

ADÉLAÏDE. C'est censé me rassurer?

ÉVARISTE. L'École normale ne m'apportait rien. Je n'ai rien perdu. C'est possible de parler d'autre chose?

ADÉLAÏDE. Très bien. Comment va ta cheville?

Regard noir d'Évariste.

ADÉLAÏDE. Évariste, je n'en peux plus de t'arracher les mots au compte-gouttes. Parle-moi. J'ai besoin de comprendre.

ÉVARISTE. Quoi?

ADÉLAÏDE. Ce qui se passe dans ta tête.

ÉVARISTE. C'est un peu flou comme question.

ADÉLAÏDE. Commençons par le début, alors. Veux-tu bien me dire ce que tu faisais juché sur le mur de l'École normale, alors que le ciel se fendait de coups de feu? Tu as fait ça pour défier l'interdiction de ton directeur? C'était ça, ton plaisir?

ÉVARISTE. Non. Je voulais aller me battre contre Charles X. Je voulais y aller pour papa.

ADÉLAÏDE. Je ne suis pas sûre que c'est ce qu'il aurait attendu de toi. *(Pause.)* Mais ce dont je suis certaine, c'est qu'il aurait eu honte du portrait de ton directeur que tu as fait publier par la suite dans les journaux. À quoi tu as pensé?

ÉVARISTE. C'était un geste politique.

ADÉLAÏDE. Évariste, ta mère sait lire. Ça n'avait rien de politique. Des vomissures. Un portrait odieux. Et le plus effroyable, c'est que tes traits avaient de l'esprit. Le plaisir que tu as mis à exposer la médiocrité de cet homme...

ÉVARISTE. J'imagine que j'ai la politique joyeuse.

ADÉLAÏDE. On parle d'une autorité, Évariste.

ÉVARISTE. D'une autorité indigne.

ADÉLAÏDE. Tu devrais être assez intelligent pour comprendre que le propre des autorités, c'est de se soutenir entre elles. Tous les scientifiques ont sûrement lu ton article. Plusieurs, d'ailleurs, y ont répliqué. Tu n'as pas idée de la tempête que tu as provoquée...

ÉVARISTE. Je n'ai pas dû me faire que des ennemis.

ADÉLAÏDE. Tu t'en es fait, ça, tu peux me croire. Ça me dépasse, Évariste. Non, tu veux la vérité, ça m'insulte. Gavé de talents, mais tu te retrouves encore en plein néant. Pire, avec un nom terni. Et tout ça pour une cheville cassée.

ÉVARISTE. Ma cheville n'a rien à y voir.

ADÉLAÏDE. Évariste... Le soir de la Révolution, quand tu faisais le fier sur le mur de l'École normale... ton pied a glissé et tu es tombé. Et du mauvais côté : dans la cour de l'école! Tu as dû ramper jusqu'à la porte principale pour te faire soigner. C'est ça, garçon, que tu n'as pas digéré. Tu t'es permis d'humilier une autorité dans les journaux au nom d'une cheville cassée!

ÉVARISTE. C'est vraiment l'image que vous avez de moi?

ADÉLAÏDE. Je vois ce que tu me montres.

ÉVARISTE. Maman, j'ai attaqué le directeur seulement parce qu'il a reconnu, au nom de tous les élèves, le nouveau régime. Je ne pouvais pas accepter d'être associé à son geste.

ADÉLAÏDE. Je peux comprendre que l'issue de la Révolution te déçoive. Mais ce n'est pas une raison pour mettre en danger ton avenir.

ÉVARISTE. Vous, le cœur ne vous a pas chaviré?

Un temps.

ADÉLAÏDE. Bien sûr que si. Quand Charles X a abdiqué et est parti en exil, Alfred pensait que j'étais devenue folle tellement je hurlais fort ma joie. J'ai même... déchiré mes robes de deuil. C'était trop beau. Je pouvais me réconcilier avec tout: nos fils allaient grandir dans la démocratie... C'était trop beau. Comme toi, Évariste, quand j'ai su que finalement, ce serait à nouveau un roi qui gouvernerait, quand la nomination de Louis-Philippe a été confirmée, oui, ma joie est retombée. Mais pas complètement. L'ennemi de ton père, ça a été Charles X. Et lui, il ne reviendra plus jamais.

ÉVARISTE. Avant de tomber du mur, maman, je les ai vus, ceux qui se battaient. Et j'en ai même vu se faire atteindre. Nous avons accepté qu'ils donnent leur vie, mais nous n'en avons rien fait. Remplacer un roi par un autre, personne n'aurait accepté de crever pour ça! *(Pause.)* Pensez ce que vous voulez, mais c'est pour ça que j'ai attaqué aussi violemment le directeur… pour rendre aux morts leur victoire.

Un temps.

ADÉLAÏDE. Je te crois, Évariste. Mais je continue aussi à croire que tu as trop risqué dans cette histoire.

ÉVARISTE. J'aurais pu gagner. Je le sentais, je le sentais que, dans l'École, d'autres étaient aussi déçus que moi. C'était timide, mais… Je suis sûr, maman, que si j'avais réussi à faire tomber le directeur, tous les élèves se seraient soulevés avec moi.

Un temps.

ADÉLAÏDE. Tes collègues aussi ont répliqué dans les journaux à propos du portrait de ton directeur. Ils se disent indignés que tu aies prétendu les représenter. Ils désavouent ce portrait et aussi les agitations politiques dont, paraît-il, tu encombrais l'École.

ÉVARISTE. Quoi?

ADÉLAÏDE. C'est leur lettre qui a décidé de ton renvoi.

Un temps.

ÉVARISTE, *blessé.* Ils ont signé contre moi… Augustin aussi?

ADÉLAÏDE. Pas Augustin. Mais presque tous.

Un temps.

ÉVARISTE. C'étaient eux, les ennemis dont vous parliez?

ADÉLAÏDE. Je suis là, Évariste. Je ne te laisserai pas tomber, mais à une condition. Que tu te consacres, dans le calme, à tes recherches. Tu m'entends, dans le calme, même si l'extérieur t'afflige. Et je ne veux pas avoir à te surveiller. Tu as promis ton traité à la mémoire de Gabriel, que ça se passe entre toi et lui.

ÉVARISTE. Vous parlez comme si… Il existe, le traité. Cauchy ne pourra pas éternellement m'ignorer.

Un temps. Elle aurait préféré attendre, mais elle y va tout de même.

ADÉLAÏDE. Cauchy s'est exilé. Il a refusé de prêter serment à Louis-Philippe.

ÉVARISTE. Tout n'est pas perdu, alors. Il a eu un mot pour moi dans les journaux?

ADÉLAÏDE. Pas dans le sens où tu l'espères. Il s'est exilé pour demeurer fidèle à Charles X.

Un temps.
Adélaïde disparaît. Évariste retourne s'asseoir à sa table. Ne pas lui donner le rythme de l'écriture, il vole ce temps à sa nuit de travail.

ÉVARISTE. Ce traité est dédié à mon père. *(Pause.)* Et à ma mère.
Et aussi à vous… Vous qui, dans un siècle, deux…? Vous.
Ce n'est pas une bouteille à la mer. Vous n'êtes pas, pour moi, une main sur un rivage, encore moins un hasard. Vous habitez mes rêves.
Étant conscient que tous ne pourront lire ce traité… Je voudrais… traduire.
Juste un mot, avant, sur là où je vis. Mon siècle se trompe. Mon siècle se trompe sur la notion de modernité. La pensée est tenue en laisse, une laisse toujours plus courte. L'étouffement est tel… Les scientifiques construisent des routes, les hommes

politiques tiennent boutique, l'université enseigne comment cuire le pain. Je peux très bien imaginer vos rires. Vous êtes si loin dans le temps...

Bien sûr, et le pain, et le bitume, toutes ces choses sont essentielles. Mais si elles seules méritent le respect... quelque chose meurt.

À l'utilité, j'ai voulu opposer l'espoir.

Évariste s'interrompt : Alfred lui apparaît.

ALFRED. À nous... *aussi,* tu crois que tu auras le temps de nous dire adieu ?

ÉVARISTE. Je ne mourrai pas, Alfred. Je te le promets. Je ne mourrai pas !

Adélaïde apparaît, plus que sèche.

ADÉLAÏDE. Alfred, je voudrais être seule avec ton frère.

En entendant cette phrase, Évariste a un petit rire. Le souvenir le réconforte. Alfred, lui, encore une fois, disparaît à regret.

ADÉLAÏDE. Tu oses rire ?

ÉVARISTE. Je ne ris pas. J'ouvre la porte, vous êtes là. C'est normal que je vous adresse un sourire.

ADÉLAÏDE. Tu étais où ?

ÉVARISTE. Je me baladais.

ADÉLAÏDE. Augustin était avec toi ?

ÉVARISTE. Non.

ADÉLAÏDE. Je peux savoir ce que tu fabriques, oui ou... J'ai eu la visite de la garde royale. Ce soir même.

ÉVARISTE. C'est impossible...

ADÉLAÏDE. Des minutes interminables, Évariste. Des minutes interminables à me faire questionner et bousculer par la garde royale. Quand j'en aurai fini avec toi, tu iras voir ton frère. Je n'ai pas réussi à le consoler.

ÉVARISTE, *inquiet.* Qu'est-ce qu'ils voulaient savoir?

ADÉLAÏDE. Tu poseras des questions quand j'aurai eu droit à des réponses.

Un temps.

ÉVARISTE. Je me suis joint à un groupe de réflexion.

ADÉLAÏDE. Ils te soupçonnent d'avoir participé aux récents saccages dans Paris.

ÉVARISTE. Je n'ai rien saccagé. C'est un groupe de penseurs. Des écrivains, des juristes…

ADÉLAÏDE. Je peux savoir à quoi vous pensez?

Un temps.

ÉVARISTE. On compte détrôner Louis-Philippe. Et fonder la République.

ADÉLAÏDE. Bon sang. Tu n'as pas assez de batailles en mathématiques? Et ta parole? Tu m'avais donné ta parole!

ÉVARISTE. Maman, le nouveau traité est sur papier. Même Augustin le juge inattaquable. On l'a envoyé à Jean-Baptiste Fourier.

ADÉLAÏDE. Et qui vous dit que Fourier, comme Cauchy…

ÉVARISTE. Alors ça voudrait dire que j'ai doublement raison de lutter.

ADÉLAÏDE. Ce sera sans moi.

Adélaïde disparaît abruptement. Un temps.

ÉVARISTE. J'ai eu raison de lutter, maman. J'ai peut-être été un peu maladroit. D'accord, j'ai été complètement stupide, j'aurais pu éviter la prison. Mais lutter... j'ai eu raison. Si un traité de sciences n'a pas réussi à trouver son chemin dans cette jungle, maman, imaginez ce que c'est, pour la grande majorité des hommes, d'essayer d'exister.

Il se replonge dans le travail.

Scène 13

La rue. Alfred est endormi. Fourier trouve la nuit longue. Adélaïde paraît particulièrement anxieuse.

FOURIER. J'espère que ce n'est tout de même pas moi qui vous mets dans cet état.

ADÉLAÏDE. Je crois... que j'ai un peu peur des retrouvailles.

FOURIER. Vous étiez brouillés?

ADÉLAÏDE. Ça ne veut rien dire, être brouillé avec Évariste. Pour soi, évidemment, c'est dur, mais pour lui, ce n'est qu'un amusement.

FOURIER. ... Vous le pensez vraiment?

ADÉLAÏDE. Tout ce que je sais, c'est qu'il a épuisé chacun de mes nerfs. Et que... je n'ai pas envie que ça recommence. *(Pause.)* Je dis ça, mais je n'ai pas eu le cœur plus tranquille pendant sa sentence. Un jour, je me disais qu'il n'avait que ce qu'il méritait, le suivant, c'est à moi que je m'en prenais.

FOURIER. ...

ADÉLAÏDE. L'instant où j'ai su qu'il avait rejoint un groupe politique, je suis partie pour des mois. Un voyage, non, une fuite. On m'aurait dit, un jour, que j'allais abandonner mes fils, j'aurais tenu la personne pour folle. Mais la coupe était pleine. Je ne comprendrai jamais son plaisir de toujours tout défier. Les gens, leurs titres, les lois... Ce n'est même plus de la hardiesse, il serait capable de défier le soleil.

FOURIER. Sur papier, croyez-moi, ça donne d'impressionnants résultats.

ADÉLAÏDE. Sur papier, peut-être. Au risque de vous paraître petite, je n'aurais pas dit non à un fils juste un peu plus admiratif du monde en son état.

FOURIER. Évariste a raison, Adélaïde. Je vous en prie, gravez-vous-le dans le cœur : votre fou furieux de fiston a raison. (Pause.) Dès la seconde où j'ai posé les yeux sur son traité, j'ai entendu mon cerveau se déconstruire, non, se reconstruire, des murs inutiles s'abattaient. J'en ai vu, des découvertes mathématiques, mais ses groupes... C'est de loin la plus féconde. Et aussi la plus belle. Il a conquis un nouveau territoire, Adélaïde. Jamais aucun chercheur ne s'était aventuré aussi haut dans l'abstraction. On croyait ce territoire vide, inutile, c'était même de bon ton de le railler. Oui, ça prenait un cran d'enfer pour s'y aventurer. J'espère, Adélaïde, qu'un jour vous parviendrez jusqu'à chérir sa hardiesse.

ADÉLAÏDE. Ses groupes, ils sont si importants ?

FOURIER. En soi, c'est une révolution. Ils permettent de réorganiser la pensée. Quand j'entendais les murs s'abattre dans ma tête, je me souviens avoir noté en marge de son traité : « Au fond, le seul être que l'inventeur de la machine à vapeur avait réellement libéré, c'était le cheval. Me voilà enfin libre. »

ADÉLAÏDE, *un regard vers la maison de santé.* Petit homme… Si seulement je pouvais détricoter le temps… *(Pause.)* Quand je suis revenue de voyage, Évariste était déjà en prison. Ma colère est repartie de plus belle. Je ne suis jamais allée le visiter. Je ne lui ai même jamais écrit. Évidemment, lui non plus ne m'a pas écrit. Même pas pour sa libération. Ce n'est pas ses reproches que je crains, nous savons comment nous disputer. J'espère seulement *(d'un coup, la peine la submerge)*… que je n'ai pas brisé les liens à jamais.

FOURIER. Adélaïde…

ADÉLAÏDE. Je comprendrais qu'il ne veuille plus me voir. C'était à moi de veiller sur lui.

FOURIER. Je veux bien, mais…

ADÉLAÏDE. Gabriel, lui, aurait su le protéger. Quelque chose en Gabriel l'apaisait. *(Pause.)* Si, au moins, j'avais été là le jour du banquet…

FOURIER. Ça n'aurait rien changé, petite mère.

ADÉLAÏDE. J'aurais pu essayer de le défendre, chercher partout de l'aide… au pire, organiser son exil. Il n'avait personne à part Augustin. J'aurais dû être là.

FOURIER. Adélaïde, vous n'auriez rien pu empêcher. *(Tout câlin, consolant, heureux de pouvoir toucher la joue du doigt.)* Ça vous a plu, au moins, Turin ?

Un mini-temps.

ADÉLAÏDE. Pardon? Qu'est-ce que vous venez de dire?

FOURIER. Rien, je…

ADÉLAÏDE. Comment pouvez-vous savoir que je suis allée à Turin? Vous, le «bas de gamme», le spectre qui ne sait rien?

FOURIER. J'ai dit ça au hasard.

ADÉLAÏDE. Et par hasard, vous êtes tombé pile. Vous n'auriez pas envie de tomber pile aussi pour le traité?

FOURIER. Adélaïde, ce malentendu est purement statistique. J'ai dit «Turin», parce que, sans me lancer de fleurs, grâce à moi, la moitié du pays s'y précipite.

ADÉLAÏDE. Arrêtez vos mensonges. Je me ronge les sangs de revoir mon fils. De lui dire que j'ai aussi mes torts. De lui dire… que malgré tout, je l'aime. Chaque seconde m'apparaît un siècle. J'ai au moins le droit de savoir à cause de qui ou de quoi Évariste en est encore à son traité.

Un temps.

FOURIER. Vous avez raison, je vous ai menti. Je n'ai pas de grands pouvoirs, mais je sais beaucoup de choses.

ADÉLAÏDE. Pourquoi?

FOURIER. C'était stupide. J'ai menti par orgueil. Raconter les faits impliquait de dévoiler un aspect de ma personne dont je ne suis pas très fier. Mes chances de vous séduire étant déjà bien minces, j'espérais les conserver… jusqu'à la dernière.

ADÉLAÏDE. Crachez.

Un mini-temps.

FOURIER. La faute à la chaleur.

ADÉLAÏDE. La chaleur.

FOURIER. La chaleur. Je m'apprêtais à pénétrer dans mon bureau pour commenter, que dis-je, encenser le fameux traité, quand je croisai ma bonne dans le couloir... Vous savez, la chaleur était pour moi plus qu'une obsession scientifique, mon logement était surchauffé au point d'incommoder les visiteurs, alors que j'accumulais les lainages. Que voulez-vous, j'avais toujours froid. Eh oui, toute ma vie, toute ma mort, j'ai eu et j'aurai froid. Mes domestiques avaient donc pris l'habitude d'œuvrer en vêtements légers. J'étais accoutumé à voir des bras, des épaules, à l'occasion, même, dans la touffeur de juillet, des rebondis de seins. Mais ce jour-là... Ma bonne, saoule de camomille, arpentait les couloirs de la maison, ne portant que sa coiffe et aussi, comment oublier ce détail, un fouet à tapis. Elle venait de prendre connaissance, via l'héritage surprise d'un grand-oncle, de ses origines scandinaves. Fortement troublé, je me réfugiai dans mon bureau... et je mourus. Ce n'est pas le cœur qui a explosé, Adélaïde. C'est le... la... Pas assez de tissus pour supporter un tel afflux. Croyez-moi, ce n'est pas chose facile à avouer. *(Pause.)* Mon secrétaire a fouillé mes affaires à la recherche du traité... en vain. La bonne s'en était servi pour s'éponger.

Adélaïde, le regard noir, fixe dangereusement Fourier. Long silence.

FOURIER. Je sais, je sais... Une si grande œuvre, un destin si ridicule. J'aurais été plus... branchu, j'aurais survécu à la nudité de ma bonne. Et Évariste serait déjà adulé par l'Académie.

Silence.

FOURIER. Ça ne sert à rien de lui en vouloir, Adélaïde. Elle ne pouvait pas savoir.

Silence.

FOURIER. C'est une gentille fille, au fond, bien qu'un peu étourdie. Elle ne pouvait pas savoir qu'elle s'essuyait avec l'algèbre moderne...

Très long silence. Fourier se rend compte qu'il ne s'en sortira jamais. Il finit par tout déballer.

FOURIER. J'étais fatigué, malade. Je savais que je n'aurais plus l'élan pour replonger dans mes travaux. Reconnaître son traité m'aurait obligé à mettre à jour... J'avais envie de crever en paix. Et dans la gloire.

ADÉLAÏDE. Vous n'êtes qu'une vieille merde.

FOURIER. Essayez de comprendre. Une vie entière de succès... Et trébucher au final sur cette phrase : « Pourquoi lui ? » Pourquoi lui et pas moi ? Ça aurait pu être moi ! *(Pause.)* Non, ça n'aurait pas pu être moi. Parce que justement, j'avais consacré ma vie à la recherche. Toute ma tête en était pétrie, figée, emmurée. Et seul un cerveau neuf pouvait détecter les failles. Parce que j'avais travaillé toute ma vie, ça ne pouvait être moi.

ADÉLAÏDE. Il vous demandait votre aide. Votre pensée aurait nourri le traité. Il ne vous enlevait rien !

FOURIER. Maintes fois, j'ai voulu m'obliger à lui écrire, mais la fureur me reprenait. J'étais si obsédé à essayer de comprendre quelle sorte de cerveau avait pu voir si loin... J'ai essayé de me raisonner, croyez-moi. Je me répétais qu'il n'était arrivé qu'au bon moment, que ce n'était que le hasard... Comme si ce n'était que ça, le génie, d'arriver, comme un invité poli, au bon moment. Le génie est tout sauf poli. Il fracasse, s'impose et tire la langue à tous les envieux qui cherchent à le réduire à de vulgaires circonstances. Je savais trop bien que même si j'avais pu arpenter ses neurones, disséquer ses entrailles, je savais trop bien que quelque chose m'échapperait toujours. C'est ça qui me rendait fou.

ADÉLAÏDE. Le traité?

FOURIER. Des boulettes d'allumage pour le foyer. Ça a chauffé le logement, ça... Pour chauffer, ça chauffait. Pour la première fois de ma vie, j'ai sué. La seconde d'après, j'étais raide froid.

ADÉLAÏDE. Si au moins je pouvais vous étrangler. Je hais les fantômes!

FOURIER. Je suis venu pour réparer.

ADÉLAÏDE. Rien à mes yeux ne pourra être réparé. Je vous tiens responsable, Fourier, de tout ce qui lui est arrivé.

FOURIER. Il n'avait pas besoin de moi pour...

ADÉLAÏDE. Votre silence n'a sûrement pas apaisé sa colère.

FOURIER. Le traité existera, Adélaïde, vous avez ma parole.

ADÉLAÏDE. Je vous parle de sa vie, imbécile. Des mois de sa jeune vie qu'il a gaspillés en prison alors que vous vous astiquiez l'orgueil!

FOURIER. Je suis désolé.

ADÉLAÏDE. Taisez-vous! Ce n'est rien, être désolé, sinon que d'essayer de se réconcilier avec sa propre bêtise. Qu'elle vous fasse honte, votre bêtise. Qu'elle vous fasse honte autant que vous me dégoûtez.

FOURIER. Adélaïde…

ADÉLAÏDE. Allez au diable. *(Pause.)* C'est grandiose. Vous, un scientifique, vous m'avez donné envie de croire à l'enfer.

Scène 14

La chambre de la maison de santé. Évariste travaille. Stéphanie lui apparaît. Elle s'approche de la table de travail, y déniche un couteau, s'en empare. Du bout des doigts, elle en caresse la lame.

STÉPHANIE. C'est le même ?

ÉVARISTE. Tu vas te blesser.

STÉPHANIE. Tu me soigneras. C'est le même ?

ÉVARISTE. Donne-le-moi.

STÉPHANIE. Je veux savoir ce que ça fait. Si ça ressemble à ce que j'ai ressenti quand j'ai osé prononcer ton nom devant mon père.

ÉVARISTE. Je ne veux pas penser au couteau, Stéphanie. Pas cette nuit.

STÉPHANIE. Vous étiez combien au banquet ? *(Évariste, résolument, ne veut pas en parler. Un temps.)* Je suis au milieu de deux cents républicains. Ce sont mes frères, ma famille.

ÉVARISTE. Arrête, Stéphanie, ça m'a trop coûté. Rends-le-moi. Ou fais-le disparaître.

STÉPHANIE. Je veux juste vérifier comment on se sent. *(Pause.)* C'est un banquet de victoire. Seize des nôtres, seize de nos frères, viennent d'être acquittés d'une accusation de complot contre la monarchie. Malgré l'euphorie du moment, garder la tête froide. De la rue, la garde royale épie. Le mot d'ordre : prudence. Dire notre joie sans jamais offenser la personne de Louis-Philippe. *(Pause.)* Tu t'étais mis beau ? *(Silence.)* C'était ton premier banquet, sûr que tu t'étais mis beau. *(Pause.)* Je rayonne. Je regarde autour de moi mes frères rayonner. Nous écoutons la table d'honneur porter les toasts. Tous les discours ont été soigneusement rédigés et approuvés pour éviter les représailles. Je prends plaisir à applaudir les premiers toasts. Rapidement, l'absurdité me frappe. Ceux qui devraient défendre à hauts cris la liberté pèsent trop docilement leurs mots. Les discours s'amollissent. Je n'entends plus dans cette prudence que lâcheté.

ÉVARISTE. Ce n'était pas à cause de la prudence, c'était... le vide.

STÉPHANIE. Je n'applaudis plus. J'ai chaud. Je suis un républicain, je devrais applaudir. Non, je suis un enfant de la liberté. Je ne peux pas ovationner le vide. Je me lève.

ÉVARISTE. Arrête, Stéphanie.

STÉPHANIE. Je me lève. Ma bouche s'entrouvre. Sur moi, une vague de regards inquiets, rien ne doit être improvisé.

ÉVARISTE. Je t'en prie. Arrête.

STÉPHANIE. Ma bouche hésite. Sait qu'il n'y aurait pas de retour possible. Ma main gauche, elle, s'agite. Une seule pensée : être libre. Ma bouche hésite trop, ma main gauche tranche. *(Elle brandit le couteau.)* « À Louis-Philippe ! »

ÉVARISTE. Trois stupides mots.

STÉPHANIE. Un toast régicide. La table d'honneur détale par les fenêtres du restaurant. Je les vois, je me dis, c'est vrai, eux ont quelque chose à perdre. Je reste debout. J'ai tranché les liens. Certains sifflent, d'autres applaudissent : je suis libre. Je serai bientôt déclaré ennemi public du roi, mais en cette seconde, je suis libre. Le couteau brille dans ma main. Et je me dis que la liberté a la pureté d'un diamant. *(Un long temps.)* C'est presque la même chose... Oui, j'ai ressenti presque la même chose en prononçant ton nom devant mon père. *(Elle lui rend le couteau.)* Tu n'as pas le droit de regretter le toast, Évariste. Même s'il t'a beaucoup coûté.

Elle disparaît. Évariste se replonge dans le travail.

Scène 15

La chambre de la maison de santé. Évariste travaille. Augustin lui apparaît.

AUGUSTIN. Porter un toast régicide... La prochaine fois, qu'est-ce que ce sera ?

ÉVARISTE. Tu ne m'as jamais laissé m'expliquer.

AUGUSTIN. Je te cache, c'est bien assez. Tu sais ce que je risque si la garde royale te trouve ici ?

ÉVARISTE. Je ne voulais pas menacer le roi.

AUGUSTIN. Un couteau brandi !

ÉVARISTE. Je voulais juste réveiller les cerveaux.

AUGUSTIN. Tu parles de tes collègues, ceux qui comme toi veulent la République?

ÉVARISTE. Les cerveaux confits de la table d'honneur. Ils rêvent de renverser Louis-Philippe, ça oui. Mais si tu les avais entendus. Incapables de promettre autre chose que des pansements et du pain. Incapables d'élever leurs discours au-delà de la charité. Pas un n'avait réfléchi à un nouvel ordre, à une vraie invitation, pour tous, à faire partie pleinement de l'humanité. Des pansements et du pain, des pansements et du pain, ça me rend fou. On parle de cerveaux éclairés, ils éclairent quoi? Néant! L'espace de réflexion dans lequel ils devraient intervenir, ils le refusent, ils le méprisent. « Nous sommes proches du peuple. » La grande niaiserie, la puissante niaiserie, « nous sommes proches du peuple », non, ils le trahissent! Trahison la plus molle, la plus mielleuse, la plus confiturée qui soit. C'est ça, leur pragmatisme, Augustin, l'attrait des mouches pour le sang. Le peuple souffre, c'est vrai. Ça ne l'empêche pas de vouloir vivre une existence d'humain, de vouloir être traité autrement que comme une bête agonisante! Non, ce cri-là ne les intéresse pas. L'espace de réflexion qu'ils désertent, Augustin, c'est le seul vrai espace d'espoir pour l'humain. Là où il peut se réinventer, se rêver autrement, balancer les comptes des joies et de la souffrance, justement. Cette élévation de la pensée, nomme-la abstraction comme en sciences si tu veux, c'est le seul espace où l'homme peut se regarder et se choisir, se choisir à nouveau, avec lucidité. Cet espace existe, et ils le méprisent. C'est bon, allez, tous en rond, assis tous en rond, j'ai dit, qu'on s'en applique, des pansements. Et qu'on finisse tous momifiés!

Un mini-temps.

AUGUSTIN. Tu vois, ça se dit avec des mots.

ÉVARISTE. J'ai vu rouge, ça s'est passé en un éclair. Au moins, ça les a réveillés. Si tu les avais vus s'enfuir… C'était quoi ? On a frappé.

AUGUSTIN. Chuuu…

ÉVARISTE. Encore.

AUGUSTIN. Tiens-toi près de la fenêtre.

Ils se font signe. Ils savent que ce pourrait être un adieu. Augustin engage le mouvement vers la porte. Stéphanie apparaît, la tête recouverte d'un fichu.

AUGUSTIN. Stéphanie…

STÉPHANIE. Évariste est encore ici ?

Il se montre.

ÉVARISTE. Comment ça, elle sait que je suis ici ?

AUGUSTIN. Elle s'inquiétait pour toi. Tu sais, elle demande très souvent de tes nouvelles.

ÉVARISTE. À l'avenir, Augustin, tu me laisseras le soin de décider qui est autorisé ou non à s'inquiéter pour moi. Demande-lui ce qu'elle veut.

STÉPHANIE. Cousin, tu diras à l'enflure qui te sert d'ami que dehors, c'est la rafle. La garde royale arrête les militants républicains les plus en vue.

ÉVARISTE. C'est ridicule. Personne n'a rien fait.

STÉPHANIE. Ils veulent être sûrs qu'il n'y aura pas de manifestations demain. Que l'anniversaire de la Révolution ne sera pas souligné.

ÉVARISTE. Ça, ça reste à voir.

STÉPHANIE. La rafle est totale. Les plus mal en point ont atterri à la maison de santé. J'ai posé des questions… juste comme ça. Certains pensent qu'à ton sujet, ça risque de parler.

AUGUSTIN. Tes collègues savent que tu es ici ?

ÉVARISTE. Quelques-uns, oui.

STÉPHANIE. Il pourrait aller se cacher chez moi, à la campagne.

AUGUSTIN. Ton père ?

STÉPHANIE. Il ne s'éloignera pas de la maison de santé. Pas après la rafle. On est débordés.

ÉVARISTE. Je prendrais ton lit ou le sien ? Je préférerais le sien. Ce doit être très, très doux, les draps d'un royaliste enragé.

AUGUSTIN. Évariste, pourrais-tu nous aider à t'aider ?

ÉVARISTE. Excuse-moi, mais j'en ai assez. J'en ai assez de te faire prendre des risques et j'en ai assez de me cacher comme un rat. Je rentre chez moi. Merci pour tout, Augustin.

STÉPHANIE. Augustin, tu ne vas pas le laisser… *(À Évariste.)* Tu veux que je te décrive, avec de vrais mots, les blessures de tes collègues ?

ÉVARISTE. C'est possible de lâcher mon bras ?

STÉPHANIE. Cette bataille-là est perdue d'avance, Évariste. Rends-toi compte du butin que tu représentes. Crois-moi que quand ils te tiendront…

ÉVARISTE. Je ferai ce que j'ai à faire.

STÉPHANIE. Tu te crois courageux, hein ? C'est lâche de se jeter dans la gueule du loup. Si tu veux, je peux directement aller te conduire à la maison de santé. Bien sûr, ce sera moins éclatant que si ce sont les gardes qui t'y traînent par les cheveux… On ne pourra parler d'exploit.

ÉVARISTE. Tu veux qu'on compare notre courage? Qu'on s'arrache le cœur du ventre, qu'on le pose sur la table et qu'Augustin soupèse? Tu prendras en compte, Augustin, quand tu soupèseras, qu'elle soigne des prisonniers, mais qu'elle les surveille, aussi. Vérifie si le cœur n'a pas au moins une fois jacassé dans les oreilles de papa le directeur…

STÉPHANIE. Tu es odieux.

ÉVARISTE. Tu es sur mon chemin.

STÉPHANIE. Je ne veux pas que tu meures! Tu prétends que ton cœur ne bat que pour l'avenir, la belle phrase, oui, tu ne vois rien. Sinon les gouffres où te perdre. Courir après ta mort, tu ne fais que ça. Tu ne vois pas…

ÉVARISTE. Quoi?

STÉPHANIE. Ce que la vie a à t'offrir.

ÉVARISTE. Qu'elle fasse son offre. S'il s'agit de vertiges aussi exaltants que ceux que procure l'algèbre, l'esprit valse dans de si hautes sphères, s'il s'agit d'expériences aussi urgentes que celle de marcher soudé à ses compagnons pour que les lendemains soient plus justes… Je suis ouvert, j'écouterai son offre.

Un temps.

STÉPHANIE. Ah, et puis… crève.

Scène 16

La chambre de la maison de santé.

ÉVARISTE. J'aurais voulu, papa, que vous me voyiez. J'étais tout devant. À chaque rue, malgré l'interdit, le cortège se gonflait. Nos semelles fébriles cognaient à la porte des morts : « Nous ne vous oublions pas ! » Quand nos pieds quittaient le sol, ce n'était pas non plus le vide : les siècles à venir habitaient cet espace. Une seconde, la peur m'a rattrapé, j'ai pensé au danger. Je me suis retourné : un fleuve d'hommes libres. Trop nombreux pour qu'on les arrête, pour que jamais on les arrête. *(Pause.)* C'est près du Pont-Neuf que m'attendait la garde royale.

Alfred lui apparaît.

ALFRED. Il t'aurait fallu des ailes.

Un mini-temps.

ÉVARISTE. Pour leur échapper ?

ALFRED. Ou pour te sauver de prison, pour sauter tous les murs...

ÉVARISTE. Tu sais, Alfred, ce que j'aurais aimé ? Que quelqu'un me fasse la courte échelle.

ALFRED. Des ailes, c'est mieux. Tu aurais pu tout survoler.

ÉVARISTE. Même cette maudite époque ?

ALFRED. Avec des ailes, tu aurais pu. Tu aurais pu aller livrer ton traité en mains propres au prochain siècle. Même une copie à celui d'après pour être bien sûr. Et revenir après la livraison.

ÉVARISTE. Si j'avais eu des ailes…

ALFRED. Cette nuit, tu serais avec nous.

Alfred disparaît. Un temps.

ÉVARISTE. Si au moins je savais tirer…

Évariste veut reprendre le travail, mais la peur l'en empêche. De la rue, Fourier est témoin de son désarroi.

ÉVARISTE. Je ne veux pas tirer sur Augustin! Je ne veux pas le tuer, je ne veux pas mourir. Pas à vingt ans…

FOURIER. Accroche-toi, petit singe.

La perspective de sa propre mort transperce Évariste et le fige.

ÉVARISTE. Tout pourrait s'éteindre. À l'aube, tout pourrait vraiment s'éteindre. Ce n'est pas un rêve. Je vis… peut-être mes dernières heures. Je ne comprends pas. Je suis en vie, je ne peux pas mour… Et pourtant si. Arraché… Un seul trou dans la chair pourrait suffire. Une seule balle et je serai arraché.

FOURIER. Accroche-toi, je t'en prie.

ÉVARISTE. Je veux Stéphanie, je veux maman, je veux Alfred. *(Pause.)* J'ai peur, papa. Je ne veux pas être un souvenir. C'est trop tôt, papa. J'ai peur…

Il s'effondre, du moins intérieurement. Il ne travaillera plus. Fourier le regarde toujours.

FOURIER. Fourier, trouve quelque chose.

Scène 17

La rue.

FOURIER, *décrivant ce qu'il voit au loin.* Un homme marche sur un boulevard de Paris. D'un pas hésitant. Il semble chercher. Quelque chose. Quelqu'un. Partout, ses yeux déambulent. *(Adélaïde ne lui prête aucune attention. Élevant la voix.)* Quelqu'un semble venir. *(Pause.)* J'ai dit : « Quelqu'un semble venir. » *(Bas.)* À gauche. À gauche. J'ai dit à gauche. *(Il frappe dans ses mains en guise de satisfaction. Haut.)* L'homme vient de gagner la rue de Lourcine. *(Adélaïde l'ignore toujours.)* Libre à vous de le recevoir décoiffée.

Un mini-temps.

ADÉLAÏDE. Qui ? *(Fourier sourit triomphalement.)* Qui ?

Un petit temps, pour bien ménager son effet.

FOURIER. Nerval.

Un temps.

ADÉLAÏDE. Pas... pas... Gérard de Nerval ?

FOURIER. Celui-là même.

ADÉLAÏDE. C'est impossible. *Le* Gérard de Nerval ?

FOURIER. Le colossal. *(Pause.)* Nerval remonte valeureusement la rue de Lourcine.

Fourier arrange avec orgueil sa tenue. Le voyant, Adélaïde se précipite sur Alfred.

ADÉLAÏDE. Alfred ! Gérard de Nerval... il vient par ici !

ALFRED. Gérard de Nerval ? Le vrai Gérard de Nerval ?

ADÉLAÏDE. Oui, oui, l'écrivain. C'était vraiment le moment de te rouler par terre. *(Elle l'époussette, tout en rectifiant sa propre tenue.)* Tes cheveux… !

FOURIER. Nerval s'approche du numéro 86. Je vais… me présenter.

Entre en scène Nerval, un peu surpris de cet accueil aussi tendu que souriant.

NERVAL. Euh… bonsoir.

Alfred et Fourier applaudissent sa brillante entrée, comme au théâtre de boulevard.

NERVAL, *pour lui-même.* Suis-je en enfer… ?

FOURIER. Hum… Hum… *(Gonflé comme un paon.)* Si je puis-je ou je dois-je me présenter… Jean-Baptiste Fourier.

NERVAL. Fourier…

FOURIER. Le mathématicien.

NERVAL. Ah oui, oui oui, *vous. (Pause.)* Je ne voudrais pas être tatillon, mais vous n'étiez pas mort ?

FOURIER. C'est exact.

NERVAL. Et vous voilà spectre. Formidable.

FOURIER. Quel bon vent vous amène ?

NERVAL. Je n'en ai aucune idée.

FOURIER. Ha ! Ha ! Ha !

NERVAL. Je ne cache rien. Je suis sorti marcher, plus tôt, cette nuit. Tout bêtement, pour renifler l'odeur des songes. Quand soudain, mes bottes ont pris feu. Du talon à la pointe, ce n'était que flammes, c'était fascinant. Là où je me suis un peu inquiété, c'est que mes pieds ne m'obéissaient plus. Je leur disais le nord, ils s'alignaient au sud. J'ai fini par abdiquer et je les ai suivis. Ce que je fais ici, il faut le demander à mes pieds. *(Pause.)* Et vous ?

ALFRED. On attend la libération de mon frère. Il va sortir par cette porte. Il s'appelle Évariste.

Un mini-temps.

NERVAL. Pas... Galois, tout de même ?

ALFRED. Oui, oui, Évariste Galois.

NERVAL. Vous vous moquez ?

ALFRED. Non, non, c'est son nom.

NERVAL. Évariste sera libéré cette nuit ? Ici même ?

ALFRED. Vous connaissez mon frère ?

NERVAL. Mais il aurait dû prévenir, l'animal !

ALFRED. Peut-être que vous vous trompez d'animal. Parce que mon frère, ce n'est pas quelqu'un de célèbre, mon frère, c'est... c'est mon frère.

NERVAL. Vous êtes Alfred.

Un mini-temps.

ALFRED. Il... parle de moi ?

NERVAL. Alfred le pied chinois.

Alfred rit, est gêné, c'est triste et drôle : si heureux qu'Évariste pense à lui, mais malheureux parce qu'Évariste lui manque tant.

ALFRED. C'est maman. Notre maman.

NERVAL. Vous êtes là. Vous êtes là.

Adélaïde ne sait pas trop ce que ça veut dire.

ADÉLAÏDE. Euh… Vous l'avez connu où?

NERVAL. En prison.

ADÉLAÏDE. Vous aussi?

NERVAL. C'était la haute saison. *(Pause.)* Si vous saviez combien il s'est chagriné, votre petit, de ne pas recevoir de vos nouvelles. Je l'exhortais à faire les premiers pas. Pour moi, ça crevait les paupières, c'était à lui de renouer. Il n'osait pas. «Si j'ai vraiment perdu l'amour de maman», ça, c'étaient ses mots, «j'aime mieux l'apprendre plus tard. Ici, je ne le supporterais pas.»

ADÉLAÏDE. Arrêtez, je vous en prie.

NERVAL. Pourquoi se priver? Elle était si belle, sa douleur, si scintillante. Et puisque vous êtes là, elle appartient au passé. Vous vous êtes enfin réconciliés… J'espère qu'il a bien fait ça.

ADÉLAÏDE. Rien n'est encore réglé.

NERVAL. Ah, je vois. *(Pause. Enthousiaste.)* Il sort quand, notre savant, pour que sa mère lui tire l'oreille et l'enlace?

ALFRED. C'est lui, le chien de garde.

FOURIER. Évariste travaille. Il rédige son traité.

NERVAL. Vraiment? Oh… C'est une grande nuit. Plus qu'une fin de sentence. Il sortira vraiment libre.

ADÉLAÏDE. Comment il était? Il a souffert?

NERVAL. Il marchait.

ADÉLAÏDE. Vous voulez dire… il travaillait?

Nerval acquiesce.

NERVAL. Je n'oublierai jamais la première vision que j'ai eue de lui. Il était dans la cour. Imaginez des murs suintant la crasse et le désespoir. Au pied de ces murs, des masses d'hommes effondrés, oubliés des hommes. La gluance, les griffes, l'alcool. Au milieu de ces gueules hurlantes, une silhouette frêle, obstinée, accomplit une ronde perpétuelle. Ça les rendait fous, les prisonniers. Son mouvement les rendait fous.

ADÉLAÏDE. Il se battait…? Il avait à se battre?

NERVAL. Il restait sourd aux railleries. Toujours, il continuait sa ronde. Un ange zélé qui, peu importe les tempêtes, s'acharne à actionner une mécanique. Une mécanique que lui seul comprend. Une fois, seulement, il a déraillé. *(Pause.)* À quoi bon. Puisque cette nuit nous le rendra.

ADÉLAÏDE. Je vous en prie.

Un mini-temps.

NERVAL. Je ne revois que leurs gueules. Leurs pauvres gueules tordues. Et Évariste qui leur renvoie la bouteille en plein front. Des prisonniers s'étaient acharnés sur son compte, jusqu'à lui dérober sa montre. Évariste a tenté d'expliquer que c'était un souvenir de son père… L'argumentation a glissé sur le courage, s'il avait ou non le courage d'honorer la mémoire de son père… du charabia d'ivrogne. Ils ne cherchaient qu'à le faire boire. Évariste s'est emparé de la bouteille, l'a vidée. C'était de l'eau-de-vie.

ÉVARISTE. J'ai emprunté tous les cerveaux, Nerval… Je leur ai tous emprunté leur cerveau. J'ai ajouté au traité des chapitres, comme si j'étais Cauchy, Fourier…

toute l'Académie! Ça y est. C'est complet. *(Il indique sa tête.)* C'est ici que c'est complet.

NERVAL. Galois! Levez-vous. Concentrez-vous.

ÉVARISTE. Vous êtes si bon. Je ne le mérite pas.

NERVAL. Taisez-vous. Se reconnaître est encore plus fort qu'une vieille amitié.

ÉVARISTE. Alors je vous le demande comme à un ami, ouvrez-moi le crâne.

NERVAL. L'ivresse vous guette. Il faut marcher.

ÉVARISTE. Non, ouvrez-moi le crâne! Le traité y est. Saisissez-le. J'ai confiance en vos mains. C'est plus sûr que le papier. Gardez-le précieusement, Nerval, jusqu'au prochain siècle. Vous l'offrirez au prochain siècle. Je vous en prie, ouvrez-moi le crâne.

Un mini-temps.

NERVAL, *touché.* Je suis désolé, Galois. Je suis incapable de manœuvrer une scie.

ÉVARISTE. Tout est fichu.

NERVAL. Toujours votre furieux manque de patience. C'est lassant à la fin. *(Pause.)* Galois, j'ai envie de vous proposer un défi. Ne le prenez pas mal, mais d'après ce que je viens de voir, vous aimez les défis, non?

ÉVARISTE. Non, pas ça, mon ami, pas le traité. J'en suis incapable. Le papier prendrait feu, me brûlerait les doigts, la cervelle…

NERVAL. Calmez-vous, je ne parlais pas de travail. Je vous mets officiellement au défi, Galois, de vous faire l'ami du temps.

Un temps. Évariste se met à rire, ne pourra plus se contenir.

ÉVARISTE. Je vous aime, Nerval. Comme je vous aime... Vous voulez me voir dans les bras du pire traître. *(Il rit encore puis s'interrompt subitement.)* Le temps hurle. Me poignarde. Nous ne ferons jamais la paix. Même quand je serai sous terre, ce ne sera pas une paix. Ce ne sera qu'une défaite.

NERVAL. Vous n'avez jamais songé à sombrer dans la démence ? Pas définitivement, bien sûr, quelques jours, seulement, ça vous ferait des vacances. Croyez-moi, il y a de jolis coins à visiter.

ÉVARISTE. J'y mettrais tous mes efforts, je ne pourrais jamais devenir fou.

NERVAL. Je vous envie cette certitude. Alors reste l'amour. Si mon défi vous intéresse, évidemment.

ÉVARISTE. Vous savez trop bien que j'aimerais, ne serait-ce qu'une seconde, connaître la paix.

NERVAL. Jamais vous n'êtes tombé amoureux ?

Évariste pouffe. C'est l'ivresse, mais c'est aussi une libération. La douleur occupe enfin sa juste place.

ÉVARISTE. Pouvais pas... *(Il pouffe de nouveau.)* J'avais les yeux clos... *(Il pouffe de plus belle.)*

↳ importance de la sensibilité des passions

NERVAL. Tiens, l'ivresse vient de frapper. Quand vous aurez recouvré vos esprits, Galois, je vous parlerai de l'amour. De ses secondes élastiques. Le temps n'est plus un ennemi, quand l'amour rôde. Il suit pas à pas les frappes du désir.

ÉVARISTE. J'ai peur de ne pas avoir le temps d'aimer.

NERVAL. Et comment, vous aurez le temps. Et même celui de souffrir. Surtout si vous devenez un pauvre amoureux de mon espèce. Éternel amoureux de l'insaisissable… Méfiez-vous des actrices. Combien mon cœur a battu pour des lueurs de lampadaire. Mais ça, vous connaissez déjà. Quand la vérité d'une théorie ne montre que son ombre. Tous ses contours sont là, l'illusion est parfaite, vous tendez trop rapidement le bras, et… et… *(Évariste disparaît. Un temps.)* À cette seconde, il a bondi en fauve, les mains ouvertes, précises, comme s'il essayait de rejoindre une âme par-delà le mur. Il a atterri dans mes bras, évanoui.

SCÈNE 18

La chambre de la maison de santé. Évariste ne travaille toujours pas.

ÉVARISTE. J'ai ouvert les yeux. Tu étais là.

Stéphanie lui apparaît.

STÉPHANIE. Ça va comment?

ÉVARISTE. Je ne sais même pas si j'ai chaud ou froid.

STÉPHANIE. La peur qu'on a eue. On aurait juré que tu sortais droit de l'enfer.

ÉVARISTE. J'étais ivre, j'imagine.

STÉPHANIE. Je n'aurais pas pu te donner d'âge, on aurait dit que tu avais tous les âges. Tantôt tu gigotais comme un nouveau-né, tantôt c'étaient des spasmes de mourant… On était sûrs que tu allais y passer. Puis tu t'es calmé. *(Pause.)* Tu ne te souviens de rien?

ÉVARISTE. Non.

STÉPHANIE. Vraiment de rien?

ÉVARISTE. Quoi, qu'est-ce que j'ai fait?

STÉPHANIE. Oh, tu as parlé un peu, juste comme ça. C'était sûrement juste comme ça. *(Pause. Le ton a changé.)* Il faudra penser à remercier monsieur de Nerval. En moins d'une heure, il a réussi à te faire transférer. Tu te rends compte, Gérard de Nerval?

ÉVARISTE. Pourquoi tu me dis ça maintenant?

STÉPHANIE. Pour parler, c'est tout.

ÉVARISTE. Ah…

STÉPHANIE. Les détenus dans ta condition, habituellement, ils sont touchés qu'on leur parle, qu'on s'occupe d'eux aussi, qu'on… Tu peux reperdre conscience, si tu préfères, ça t'évitera le supplice d'entendre une voix humaine.

ÉVARISTE. «Je voudrais que tu m'embrasses.» *(Stéphanie fige.)* C'est ça que je disais?

STÉPHANIE. Je n'ai pas fait attention.

ÉVARISTE. Stéphanie…

Un temps.

STÉPHANIE. Tu m'appelais… sans détresse. Je n'avais jamais entendu un délire aussi calme.

ÉVARISTE. Embrasse-moi. *← Valorisation de l'individualisme* *désir d'évasion →*

Baiser. Il dure, s'interrompt, il y a des rires, des regards, il dure. Évariste a le réflexe de sortir sa montre.

STÉPHANIE. Pourquoi tu fais ça? C'est grossier. Tu nous minutais ou quoi?

ÉVARISTE. Je voudrais qu'on se fiance. *sentiment de désillusion?*

STÉPHANIE. …

91

ÉVARISTE. Tu acceptes?

STÉPHANIE. Mais Évariste…

ÉVARISTE. Je sais, je n'ai pas de fleurs, mais ce n'est sûrement pas pour ça que tu hésites autant.

STÉPHANIE. … *Autant*?

ÉVARISTE. Oui, tu mets beaucoup de temps à répondre.

STÉPHANIE. Ça fait à peine deux minutes que tu as repris conscience. Peut-être, au fond, qu'il n'a même pas encore repris conscience… C'est sûrement ça.

ÉVARISTE, *riant.* Je sais où je suis, je sais ce que je dis. C'est toi que je veux.

Stéphanie a le cœur qui flanche.

STÉPHANIE. Je…

ÉVARISTE. Stéphanie…

STÉPHANIE. Ça va. Très, très bien, même. Ça va juste un peu vite.

ÉVARISTE. Je t'aime. De tout mon être.

STÉPHANIE. Deux minutes…

ÉVARISTE. C'est inébranlable.

STÉPHANIE. Ce n'est pas assez, deux minutes. Tu ne peux pas être certain…

ÉVARISTE. Ça va bientôt en faire trois.

STÉPHANIE. Pour de vrai?

ÉVARISTE. Trois… c'est mieux? Ce n'est pas rien, trois.

STÉPHANIE. Oui, oui, trois, c'est bien, c'est parfait. Trois, ça devrait même convaincre mon père. Est-ce que je suis en train de parler? Je n'ai aucune idée de ce que je dis.

ÉVARISTE, *riant.* Stéphanie…

Un long temps. Stéphanie a repris ses esprits.

STÉPHANIE. Je t'aime, Évariste. Depuis si longtemps.

ÉVARISTE. Pour de vrai?

STÉPHANIE. C'est bizarre de vivre en aimant… tout seul. Pris avec en soi, avec en soi quelque chose de si beau. C'est là, inutile. Au mieux ça fait espérer, trop souvent ça blesse. *(Pause.)* J'ai attendu si longtemps.

ÉVARISTE. Tu trouves mon amour trop court? C'est ça?

STÉPHANIE. …

ÉVARISTE. Stéphanie, je veux être à la hauteur. Je suis prêt à attendre. Vingt ans, si tu veux.

STÉPHANIE. …

ÉVARISTE. Tu ne me crois pas capable de t'attendre vingt ans?

STÉPHANIE. Je n'ai pas dit que je voulais te faire attendre… Je voudrais juste être certaine que tu m'attendras toujours.

ÉVARISTE. De quoi tu as peur?

STÉPHANIE. Je n'ai qu'une image en tête. Je nous vois partir en promenade. Et toi, tu marches si vite que tu me sèmes. Si vite encore, que tu oublies que j'existe. Et moi, je regarde un dos s'éloigner et m'oublier.

ÉVARISTE. Jamais. Ça n'arrivera jamais. Je suis capable de bien des bêtises, mais de laisser derrière, d'abandonner... Jamais. Je n'éprouve aucun plaisir, Stéphanie, à avancer tout seul.

Un mini-temps.

STÉPHANIE. C'est oui.

ÉVARISTE. Tu es sûre?

STÉPHANIE. Oui.

ÉVARISTE. Ton père?

STÉPHANIE. Je t'aime.

Stéphanie finira par disparaître. Évariste est dans tous ses états.

ÉVARISTE. Je... veux... vivre.

SCÈNE 19

La rue. Par la fenêtre de la maison de santé, Fourier peut voir qu'Évariste ne travaille toujours pas. Il éteint la fenêtre et rejoint Nerval. Adélaïde a un regard soupçonneux.

FOURIER, *avec urgence*. Nerval, c'est moi qui ai guidé vos pas jusqu'ici. C'est moi qui vous ai fait venir.

NERVAL. Vous m'en voyez réjoui.

FOURIER. Non, j'ai besoin de votre aide. *(Adélaïde ne les perd pas de vue, s'approche même un peu.)* Ça urge. C'est Galois. L'aube menace et il ne travaille plus. Sans vous, je ne m'en sortirai pas.

NERVAL. Qu'est-ce qui se passe ?

Adélaïde s'approche davantage. Tous s'éloignent les uns des autres.

Scène 20

La chambre de la maison de santé. Évariste est toujours prostré, fragile. Augustin lui apparaît, plus dominant que jamais.

AUGUSTIN. Mon seul regret, c'est que ça m'aura pris tout ça pour comprendre.

ÉVARISTE. Je ne t'ai jamais calomnié, Augustin.

AUGUSTIN. Ça a dû se passer en un éclair. Un malheureux coup de sang. Sûrement qu'au départ, ton intention était bonne. Quand la direction de mon collège a découvert que j'avais caché un ennemi du roi, évidemment, on parle de toi, oui, probable que tu leur as écrit pour prendre ma défense, pour les rassurer sur mes allégeances. Tu as été retiré du monde si longtemps, ça devait te manquer de faire retentir ta personne.

ÉVARISTE. Je ne veux pas mourir, je ne veux pas que tu meures.

AUGUSTIN. Ça te manquait tellement que ta main a glissé. La preuve ultime de ma fidélité à Louis-Philippe ? « Pour trahir le roi, il faut un certain esprit, un certain éclat. » Un joli trait, parfait pour annoncer ton retour. *(Pause.)* Ta lettre s'est retrouvée dans toutes les mains au collège. Et dans tous les regards, dans tous les fous rires, je suis celui qui n'a pas «cet esprit-là». Le fade, le niais qu'on enfonce. C'était toute ma vie, enseigner!

ÉVARISTE. Je ne sais pas tirer, mais te défendre, ça, je saurais. Je t'en prie, Augustin, laisse-moi te défendre.

AUGUSTIN. Ta main n'a pas glissé, Galois: je n'ai jamais eu d'importance à tes yeux. *(Pause.)* Comment j'ai pu être assez naïf pour penser que tu pouvais t'intéresser à moi. Depuis quand les crabes attirent les astres? Moi, l'imbécile, j'y croyais. La grande amitié, le grand bonheur! Le crabe avait accès à des sphères inatteignables! Si heureux de t'épauler, sûr que nous nous complétions, si heureux et toujours si pressé de te confier les détails de mon insignifiante existence… Parfois, même, j'arrivais à te faire rire! Si heureux, si stupidement heureux de penser que ma vie se déroulait emmêlée à la tienne.

ÉVARISTE. Tu n'as pas le droit…

AUGUSTIN. Il n'y a jamais eu d'amitié. Tu es aussi vorace que l'époque. Je n'existais à tes yeux que parce que je pouvais t'être utile.

ÉVARISTE. C'est un piège, Augustin. Tu fonces droit dedans.

AUGUSTIN. Bien sûr, le père de Stéphanie aurait écrit cette lettre. Mon oncle, prêt à m'humilier!

ÉVARISTE. C'est moi qu'il visait et c'est un duel qu'il veut.

AUGUSTIN. Ce n'est pas la première fois que tu prends plaisir à te moquer sur papier de la médiocrité d'un être.

ÉVARISTE. Si je meurs, tout rentrera dans l'ordre. Si je te tue, je perdrai probablement l'amour de Stéphanie.

Dans les deux cas, il n'aura pas pour gendre un ennemi du roi. Augustin, c'est encore le toast qu'on veut me faire payer. Je t'en prie, je sais que tu as mal, mais je t'en prie, mon ami… Ouvre-toi les yeux.

AUGUSTIN. C'est dès ta naissance qu'on aurait dû t'enfermer dans une cage. T'empêcher de faire autre chose que de l'algèbre. Peut-être aurais-tu apporté au monde plus que tu ne l'as détruit.

Scène 21

Nerval entre dans la chambre de la maison de santé.

NERVAL. Galois… C'est moi.

ÉVARISTE. Nerval…? Comment vous…?

Évariste, sans retenue, se précipite dans ses bras. Un long temps.

ÉVARISTE. La mort me veut, Nerval.

NERVAL. Impossible. Elle a du goût et vous êtes indigeste.

ÉVARISTE. J'ai réussi à avoir un duel sur le dos, avant même d'avoir mis le nez à l'air libre.

NERVAL. Il faut parlementer. Dites-moi qui aller voir.

ÉVARISTE. Rien ne peut être fait. J'affronterai la douleur d'un ami.

NERVAL. Pas Augustin? *(Évariste acquiesce.)* C'est insensé… *(Pause.)* Galois, soyez lâche, sauvez-vous. Je vous emmène avec moi.

ÉVARISTE. Je ne peux pas refuser le duel. C'est la pire des offenses. Je ne peux pas lui faire ça.

Un temps.

NERVAL. Vous vous battrez, Galois? Vous avez l'intention de vous battre?

ÉVARISTE. Bien sûr que je me battrai. Mais quelle importance? Il n'y aura qu'un cadavre, mais nous serons deux à crever. *(Un temps.)* J'aurais tellement envie d'aller tout détruire, Nerval. Je suis libre! J'aurais juste le temps suffisant pour aller mettre le feu à l'Académie des sciences. *(Un temps.)* Si je dois mourir à l'aube… je voudrais avoir la force de mourir en tendant la main. En offrant quelque chose. *(Il feuillette son traité.)*

Un temps.

NERVAL. Il vous en manque beaucoup?

ÉVARISTE. Tout ce que j'ai imaginé, dans ma tête, en prison. Je n'arrive pas à le mettre en formules. Je ne pense qu'à… *(Il se brise.)* Maman…

Nerval le prend tout contre lui.

ÉVARISTE. Je n'ai jamais trouvé le courage de lui écrire, Nerval. Il faut que je la revoie. Si jamais la mort m'arrache… Je gueulais, la dernière fois que nous nous sommes vus. Et je gueulais en l'ignorant. Je veux lui dire combien… Combien je l'aime, combien, sans elle…

Un temps.

NERVAL. Ils sont venus vous attendre.

ÉVARISTE. Ils sont…

NERVAL. Votre mère et Alfred, ils vous attendent dans la rue.

Il a un mouvement vers ce qu'on imagine être la fenêtre, il s'arrête, se prend la tête entre les mains, éclate en sanglots.

ÉVARISTE. Je ne peux pas... *(Pause.)* Je ne serai pas capable... Je ne peux pas dire à Alfred que...

Nerval fait ce qu'il peut pour le réconforter.

ÉVARISTE. Je ne peux pas... Pas maintenant... Pas pour leur annoncer ma mort.

NERVAL. Vous ne mourrez pas. Pas vous.

Un temps.

ÉVARISTE. Maman est là ?

Nerval confirme.

ÉVARISTE. Comment elle est ?

NERVAL. Comme vous me l'aviez dépeinte : abominable, une pure escroc. *(Ça fait sourire Évariste.)* Elle vous aime, Évariste. Entendez-le.

Évariste prend tout le temps de bien recevoir les paroles de Nerval.

ÉVARISTE. J'ai encore quelques minutes.

NERVAL. Je peux faire quelque chose ?

Un très long temps. La décision reste difficile à prendre.

ÉVARISTE. Je pourrais, Nerval, vous confier mes adieux... ?

NERVAL. Juste au cas ?

ÉVARISTE. Juste au cas.

NERVAL. J'accepte.

Un temps.

ÉVARISTE. Stéphanie… Non… rien. Elle a mon amour. Elle le sait. *(Pause.)* J'ai rencontré l'amour, Nerval. *(Un temps. Les sourires finissent par apparaître.)* Ma mère… Je veux qu'elle sache… que j'ai dû me tordre le cœur pour ne pas la revoir cette nuit. Peut-être qu'elle refusera de vous écouter. Il faudra retourner lui dire, encore retourner… Jusqu'à ce qu'elle entende. Qu'elle entende vraiment que mettre mes recherches sur papier, c'était le plus bel adieu que je pouvais lui faire. Dites-lui que cette fois, j'ai choisi la bonne bataille. Dites-le-lui, et encore.

NERVAL. J'irai, Galois.

ÉVARISTE. Alfred… Je ne sais s'il acceptera, mais offrez-lui de le promener sur votre dos. De lui faire voir la ville, comme je la lui faisais voir. Peut-être qu'il est maintenant trop vieux… Alors racontez-lui qu'en prison, quand je passais des journées à marcher, dites-lui que si je n'ai pas craqué, c'est parce que je le sentais… *(Il s'empoigne l'épaule.)* Là. *(Un temps.)* C'est peut-être ce qui m'a le plus manqué en ce monde. Que quelqu'un de plus grand me porte et me fasse voir plus haut.

L'aube se lève.

ÉVARISTE. L'aube. L'aube, Nerval.

NERVAL. Je vous accompagne.

ÉVARISTE. Il faut que je termine.

NERVAL. Vous aurez toute la vie.

ÉVARISTE. Non, maintenant. *(Il se replonge dans le travail.)*

NERVAL. Galois, vous avez passé la nuit à travailler. Gardez pour vous vos forces.

ÉVARISTE. Juste quelques minutes.

NERVAL. Vous mettre en retard n'est pas la meilleure idée. Vous serez encore plus nerveux.

ÉVARISTE. Retenez le temps pour moi, Nerval. Juste quelques minutes. C'est sûrement le genre de choses que les poètes peuvent faire.

Nerval accepte le jeu.

NERVAL. Allez-y, Galois, c'est bon, je le tiens par les pans de sa veste.

Nerval retient le temps. Évariste travaille.

ÉVARISTE. … Psi est clairement un morphisme, soit petit h un élément de grand H, il est possible d'étendre petit h à L (voir plus haut). L'image de cette extension par Psi est bien égale à petit h, donc Psi est surjectif. Rapidement, d'autres extensions essentielles…

NERVAL. Dépêchez-vous, il va bientôt m'échapper.

ÉVARISTE. Encore une seconde, encore une seconde…

NERVAL. Galois…

ÉVARISTE. Une dernière seconde. *(Il travaille encore quelques secondes puis dépose sa plume.)*

Un temps.

NERVAL. Je serai avec vous.

Ils sortent.

SCÈNE 22

Adélaïde est debout au milieu de la scène. Elle regarde s'éloigner Alfred, que Nerval porte sur son dos. Nerval se dirige lentement vers l'extrémité côté cour. Avant de quitter la scène, il s'arrête. Alfred se retourne vers Adélaïde. Elle lève le bras vers lui, puis le rabaisse, les laissant partir, vers l'avenir. Fourier entre, côté jardin. Il porte le cadavre d'Évariste. Adélaïde s'agenouille. Fourier dépose Évariste dans ses bras. Fourier disparaît.
Adélaïde serre le corps d'Évariste. Un très long temps.
Fourier apparaît dans la chambre de la maison de santé. Ému, inquiet, il prend le traité, le feuillette.

FOURIER. Tout y est. *(Pause.)* Tout y est, Galois.

Fourier disparaît.
Ne reste plus sur scène qu'une mère étreignant le corps de son fils.
Noir.

FIN

OUVRAGE RÉALISÉ PAR
LUC JACQUES, TYPOGRAPHE
ACHEVÉ D'IMPRIMER
EN NOVEMBRE 2011
SUR LES PRESSES
DE MARQUIS IMPRIMEUR
POUR LE COMPTE DE
LEMÉAC ÉDITEUR, MONTRÉAL

DÉPÔT LÉGAL
1re ÉDITION : 4e TRIMESTRE 2011
(ÉD. 01 / IMP. 01)